中国特色社会主义政治经济学丛书编委会

中国特色社会主义政治经济学丛书

改革开放四十年：
创新驱动供给侧结构性改革

GAIGE KAIFANG SISHINIAN:
CHUANGXIN QUDONG GONGJICE JIEGOUXING GAIGE

杜　江　于海凤　刘诗园　夏誉芸 著

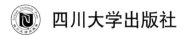

四川大学出版社

项目策划：邱小平　梁　平
责任编辑：傅　奕
责任校对：杨丽贤
封面设计：墨创文化
责任印制：王　炜

图书在版编目（CIP）数据

改革开放四十年：创新驱动供给侧结构性改革 ／ 杜
江等著 ． — 成都：四川大学出版社，2018.12
（中国特色社会主义政治经济学丛书）
ISBN 978-7-5690-2641-2

Ⅰ．①改… Ⅱ．①杜… Ⅲ．①中国经济－经济改革－
研究 Ⅳ．① F12

中国版本图书馆 CIP 数据核字（2018）第 294226 号

书名	改革开放四十年：创新驱动供给侧结构性改革
著　　者	杜　江　于海凤　刘诗园　夏誉芸
出　　版	四川大学出版社
地　　址	成都市一环路南一段 24 号（610065）
发　　行	四川大学出版社
书　　号	ISBN 978-7-5690-2641-2
印前制作	四川胜翔数码印务设计有限公司
印　　刷	郫县犀浦印刷厂
成品尺寸	170mm×240mm
插　　页	2
印　　张	11.25
字　　数	217 千字
版　　次	2019 年 12 月第 1 版
印　　次	2019 年 12 月第 1 次印刷
定　　价	58.00 元

◈ 读者邮购本书，请与本社发行科联系。
　电话：(028)85408408/(028)85401670/
　(028)86408023　邮政编码：610065
◈ 本社图书如有印装质量问题，请寄回出版社调换。
◈ 网址：http://press.scu.edu.cn

四川大学出版社
微信公众号

丛书序

党的十一届三中全会以来，我们党把马克思主义政治经济学基本原理同改革开放新的实践结合起来，不断丰富和发展马克思主义政治经济学，形成了适应中国国情和时代特点的当代中国马克思主义政治经济学——中国特色社会主义政治经济学。

中国特色社会主义政治经济学是马克思主义政治经济学基本原理与中国特色社会主义经济建设实践相结合的理论成果，是当代中国马克思主义政治经济学的集中体现，是指导中国特色社会主义经济建设的理论基础。它立足于中国改革发展的成功实践，诞生于中国，发展于中国，服务于世界，是指引当代中国不断解放和发展生产力的科学理论，是引领社会主义市场经济持续健康发展的指南。

党的十八大以来，以习近平同志为核心的党中央坚持理论创新引领实践创新，推动一系列重大经济理论创新，提出了一系列新思想新论断，形成了以新发展理念为主要内容的习近平新时代中国特色社会主义经济思想，揭示了新时代中国经济发展的客观规律，为中国和世界带来了新的经济发展理念和理论。

四川大学在长期的办学历程中，始终坚持以马克思主义政治经济学为指导，高举中国特色社会主义伟大旗帜，围绕国家和世界经济发展面临的重大问题，不断推进知识创新、理论创新、方法创新，致力于构建中国特色社会主义政治经济学的理论体系，在社会主义基本经济制度、社会主义基本分配制度、社会主义市场经济理论、社会主义经济运行理论、社会主义经济发展理论、社会主义城乡一体化理论以及社会主义经济全球化与对外开放理论等领域长期耕耘，并形成了自身的研究特色和优势。

为了进一步学习实践习近平新时代中国特色社会主义经济思想，更好地阐

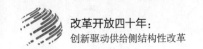
释经济建设实践中的重大理论和现实问题，巩固和深化现有研究成果，不断为道路自信、理论自信、制度自信、文化自信做出新的理论创造和理论贡献，我们以四川大学"双一流"超前部署学科"马克思主义理论与中国特色社会主义创新"为依托，研究设计了中国特色社会主义政治经济学丛书。

丛书的第一集共八本，以庆祝改革开放四十周年为主题，分别从"中国农村改革四十年：回顾与经验""改革开放与货币政策宏观调控变革""中国四十年价格改革研究""改革与增长：中国经济奇迹的政治经济学解释""改革开放四十年：我国经济周期波动及对外经济政策调整""改革开放四十年：创新驱动供给侧结构性改革""从城乡分割到城乡融合：成都的土地改革与乡村振兴"以及"中国经济改革与对外开放四十年：理论与实践探索"等方面对改革开放四十年的具体实践进行了深入分析。之后，我们还将从中国特色社会主义政治经济学的其他维度进行系统设计。

我们希望这套丛书的出版，有助于四川大学学术大师的不断涌现和学术流派的逐渐形成，有助于中国一流、川大风格的马克思主义理论与中国特色社会主义创新研究学科的逐渐形成。

学术永无止境。该丛书肯定会有不少需要改进之处，恳请各位同仁、读者为我们提出宝贵意见，让该丛书越办越好，在构建中国特色社会主义政治经济学理论体系中发挥积极作用。

目　录

改革开放是决定当代中国命运的关键一招。我们将总结经验、乘势而上，继续推进国家治理体系和治理能力现代化，坚定不移深化各方面改革，坚定不移扩大开放，使改革和开放相互促进、相得益彰。①

——习近平

第 1 章

改革开放四十年辉煌成果

习近平主席在博鳌亚洲论坛 2018 年年会开幕式主旨演讲中说："1978 年，在邓小平先生倡导下，以中共十一届三中全会为标志，中国开启了改革开放历史征程。从农村到城市，从试点到推广，从经济体制改革到全面深化改革，40 年众志成城，40 年砥砺奋进，40 年春风化雨，中国人民用双手书写了国家和民族发展的壮丽史诗。"②

自 1978 年 12 月召开的中国共产党十一届三中全会正式提出对内改革、对外开放的政策，到 2018 年，整整四十年峥嵘岁月。从安徽凤阳小岗村的"大包干"拉开改革开放的序幕，到如今我国成为世界第二大经济体、第一大工业国、第一大货物贸易国、第一大外汇储备国，改革开放给中国带来了翻天覆地的变化。从计划经济到市场经济，中国构建了中国特色社会主义市场经济体制；从贫困到小康，中国实现了 7 亿多贫困人口脱贫；从引进来到走出去，从加入 WTO 到"一带一路"合作倡议，中国对世界经济增长贡献率超过 30%，并且带动了沿线国家和地区经济增长。四十年来，中国的发展进步让世界惊叹，正如习近平总书记所说，"改革开放这场中国的第二次革命，不仅深刻改

---

① 习近平在十九届中共中央政治局常委同中外记者见面会上的讲话，见《人民日报》2017 年 10 月 26 日 02 版。

② 习近平在博鳌亚洲论坛 2018 年年会开幕式上的讲话，见《人民日报》2018 年 04 月 11 日 03 版。

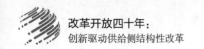

变了中国，也深刻影响了世界！"[1]

1.1 经济增长

改革开放四十年来，我国经济高速发展，成为世界第二大经济体。如果按照购买力平价来算，据世界银行最新数据，2016 年我国 GDP 达到 214171 亿美元，超过美国的 185691 亿美元，成为世界第一大经济体。1978 年后，我国 GDP 高速增长，2016 年国内生产总值达到 744127.2 亿元，是 1978 年的 202 倍，平均增速为 9.66％，最高增速达到 15.14％。中国经济的高速增长不仅带动了周边经济的发展，并且正在逐步改写世界经济格局。根据货币基金组织的测算，2017 年中国为全球经济增长的贡献率达到了 34.6％。国内经济增速逐渐放缓，从高速增长转变为中高速增长，进入了增长动力更多元的经济发展新常态。

1.1.1 中国经济高速增长

1978 年到 2001 年我国经历了改革开放的探索时期，GDP 平均增速为 9.73％。从农村家庭承包联产责任制开始，到在城市实行责任承包制，工作重心转移到经济建设上，进而将改革开放深入到政治、科技、教育及社会生活各个领域。从 1992 年邓小平南方谈话到 2001 年中国加入世界贸易组织，再到开始建立中国特色社会主义市场经济，改革开放进入了新的阶段。

2002 年以后，改革开放继续推进，顺应国内外形势，抓住重要战略机遇期，改革开放进入完善阶段，GDP 平均增速为 9.56％。2002 年党的十六大召开，提出全面建设小康社会的构想。中国开始走向新型工业化道路，并逐步实现从世界工业大国向世界工业强国的转变。中国城镇化快速发展，从农业人口占优的农业国转变为以城市人口占优的现代经济体。2012 年中国经济增速回落，从高速增长转变为中高速增长，进入经济新常态。

四十年来，中国 GDP 平均增速为 9.66％，远高于 2.93％的世界整体增长水平。如表 1-1 所示，通过与其他国家比较，中国 GDP 平均增长率约为发达国家 4~5 倍，人均 GDP 平均增速高于 8％，而发达国家在 2.5％以下。相对于韩国、中国香港和新加坡这类亚洲经济发展水平较高的国家或地区，以及泰

---

① 习近平在博鳌亚洲论坛 2018 年年会开幕式上的讲话，见《人民日报》2018 年 04 月 11 日 03 版。

国、印度、印度尼西亚和马来西亚这类亚洲新兴国家，中国 GDP 增长率和人均 GDP 增长率平均水平高出 30％左右。与全球其他发展中国家相比（比如巴西、南非和菲律宾），中国的 GDP 增速和人均 GDP 增速依然遥遥领先。

表 1-1　中国与其他国家或地区 GDP 增长率和人均 GDP 增长率

单位：％

国家	GDP 增长率		人均 GDP 增长率	
	1978—2001 年	2002—2016 年	1978—2001 年	2002—2016 年
中国	9.73	9.56	8.37	8.97
英国	2.61	1.69	2.39	0.99
美国	3.23	1.87	2.13	1.02
法国	2.38	1.09	1.89	0.51
德国	2.23	1.20	2.01	1.19
日本	5.78	3.84	4.10	3.22
韩国	2.67	2.52	0.75	1.46
中国香港	5.16	7.44	2.99	5.94
新加坡	5.14	5.42	3.20	4.05
泰国	3.08	0.82	2.60	0.83
印度	8.00	3.85	6.82	3.30
印度尼西亚	6.53	5.12	3.82	3.21
马来西亚	7.37	5.51	4.82	3.41
巴西	2.08	2.89	−0.10	1.61
南非	6.19	4.05	4.61	3.49
菲律宾	2.74	5.43	0.20	3.62
世界	2.98	2.85	1.34	1.61

资料来源：世界银行 WDI 数据库。

通过与国际各大经济体的比较（如图 1-1 所示），虽然中国 GDP 水平始终低于美国，但是中国的曲线斜率远远高于美国，拥有超越美国的潜力。2008 年金融危机以后，中国的 GDP 水平超过日本，成为世界第二大经济体，并且始终保持高速增长。从 2014 年开始，印度增长速度略高于中国，但是总体 GDP 水平还与中国存在较大差距。

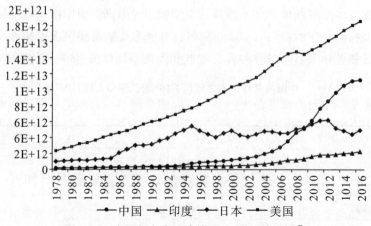

图 1-1　中国与各大经济体 GDP 水平的比较①

资料来源：世界银行 WDI 数据库。

1.1.2　中国发展改写世界经济格局

2008 年金融危机过后，世界经济陷入低迷，但是中国经济却始终保持着
9％以上的稳定增长，对世界经济的复苏起到了重要的拉动作用。近年来中国
经济增速有所放缓，但是依然维持着 6％～7％的增速，经济总量在全球所占
的比重不断提高，并且超越美国成为对世界经济增长贡献最高的国家，成为推
动全球经济发展的中坚力量。2016 年 10 月，人民币加入 SDR 货币篮子，体
现了国际社会对中国综合国力和改革开放成效的肯定与认可。

二战以来，世界经济格局发生深刻变化。起初美国占据世界经济霸主地
位，之后随着布雷顿森林体系的瓦解，世界经济向多极化发展。20 世纪 70 年
代，欧洲共同体和日本在部分领域赶上和超越美国，形成了资本主义国家和地
区美日欧三足鼎立局面。20 世纪 80 年代以来，以中国、巴西、俄罗斯、印度
和南非五个国家为代表的发展中国家经济快速发展。21 世纪以来，以中国为
首的新兴市场国家的经济实力得到了进一步增强，世界经济重心逐渐向东亚转
移。近年来，中国提出"一带一路"倡议，与欧亚大陆沿线各国加深合作，分
享中国改革发展红利，带动沿线国家共同发展，建立更加平等均衡的新型全球
发展伙伴关系，为世界经济稳定发展夯实基础。

从中国在世界经济格局中的地位来看（如表 1-2 所示），改革开放以前，
1978 年中国人口占世界比重超过五分之一，但是中国的 GDP 却仅仅为世界总

---

① 注：GDP 采用现价美元衡量，单位为美元。

体 GDP 的 1.8%，居全世界国家中的 11 位，人均 GDP 远远低于世界平均水平，仅为世界人均 GDP 的 7.9%，进出口贸易总额不到世界总额的 1%，对世界 GDP 的贡献率为 2.3%，属于贫困的、封闭的发展中人口大国。1978 年至 2000 年的二十多年间，中国人口占比下降到 20.6%，经济水平得到显著发展。GDP 占比提高了一倍，货物进出口总额占比增长至 3.6%，对世界 GDP 增长的贡献提高到了 8.3%。进入 21 世纪以来，中国经济更是飞速增长，成为世界第二大经济体，贸易总额占世界总额 11.5%，连续数年稳居第一大货物贸易国，对世界 GDP 增长的贡献率近年来均超过 30%，居全球首位。同时，在 2016 年 GDP 增量中，金砖国家贡献了 60%，美国仅为 14.6%，以中国为首的新兴国家正在重新改写世界经济格局。

表 1-2　中国在世界的地位概览

指标	1978 年	2000 年	2016 年
人口占世界的比重（%）	22.3	20.6	18.5
GDP 占世界的比重（%）	1.8	3.6	14.8
GDP 居世界的位次	11	6	2
人均 GDP 占世界平均水平比重（%）	7.9	17.5	79.7
货物进出口贸易总额占世界的比重（%）	0.8	3.6	11.5
对世界 GDP 增长的贡献率（%）	2.3	8.3	32.4

资料来源：世界银行 WDI 数据库；中华人民共和国国家统计局，《国际统计年鉴——2017》，中国统计出版社，2017。

1.1.3　中国经济进入高质量发展阶段

改革开放前期中国的经济具有高增长高波动的特点，1984 年 GDP 增长率达到 15%，1989 年、1990 年跌至 4%左右，通过数据估算改革开放前 20 年的波动程度约为后 20 年的两倍。尤其在 2012 年经济增速开始变缓，回落至 7.8%，之后中国经济增长持续走低，出现了明显的收敛趋势。2018 年政府工作报告提出了 2018 年经济增长目标为 6.5%左右，符合我国当前经济潜在增长率，更加注重发展质量和效益，当前中国经济从 8%～10%的高速增长减缓至 6%～8%的中高速增长。十九大报告指出，中国经济已由原先的"高速增长阶段"转向新时代"高质量发展阶段"。[①]

[①]　习近平在中国共产党第十九次全国代表大会上的讲话，见新华社 2017 年 10 月 27 日电。

经济增速变缓的背后是我国产业结构的逐渐转型升级，按照"配第－克拉克定理"，在经济发展进程中，首先是第二产业得到发展超越第一产业，之后随着经济的进一步发展，第三产业的比重会逐渐加大。也就是说，只要经济不断增长，产业结构转型升级是必经之路。2012 年，中国服务业增加值占国内生产总值比重达到了 45.3%，超过了第二产业，成为中国规模第一大产业，对经济增长起到了明显的推动作用，我国进入了服务业主导的经济发展阶段。从三次产业的构成和贡献率来看（如表 1－3 所示），1978 年第二产业的构成和贡献率分别为 47.7% 和 61.8%，而 2016 年分别降低至 39.9% 和 38.2%，1978 年第三产业的构成和贡献率分别为 24.6% 和 28.4%，而 2016 年分别提高至 51.6% 和 57.5%，经济增长的带动力由第二产业转变为第三产业。近十年来工业构成占比和贡献率持续降低。从 2005 年起，服务业的贡献率超过了工业，成为经济增长最主要的推动力量。2016 年，中国服务业增加值为 384221 亿元，比上年实际增长 7.8%，增速比第二产业高出 1.7 个百分点；服务业占 GDP 比重上升至 51.6%，比第二产业高出 11.7%；服务业对经济增长的贡献率超过了一半达到 57.5%，而第二产业仅贡献了 38.2%。

表 1－3　三次产业构成和贡献率

	三次产业构成（%）				贡献率（%）			
	1978 年	1978—2001 年	2002—2016 年	2016 年	1978 年	1978—2001 年	2002—2016 年	2016 年
第一产业	27.7	24.01	10.35	8.6	9.8	13.12	4.46	4.3
第二产业	47.7	44.85	45.09	39.9	61.8	54.58	49.77	38.2
工业	44.1	39.93	39.05	33.3	62.2	50.91	42.68	30.9
第三产业	24.6	31.13	44.56	51.6	28.4	32.31	45.77	57.5

资料来源：中华人民共和国国家统计局，《中国统计年鉴——2017》，中国统计出版社，2017。

改革开放四十年以来，服务业在中国产业结构中的比重不断上升，逐渐占据主导地位。经济增长的动力结构出现转变，服务业成为国民经济中的第一大产业和经济增长的主要动力，对 GDP 增长的贡献率进一步提高。但是相比于美国这类已经完成工业化的发达国家，我国服务业的比重仍然偏低。世界银行最新数据显示，2015 年美国三次产业增加值在国内生产总值中所占比重分别为 1.1%、20% 和 78.9%。从产业结构来看，中国当前属于工业化进程中的国家，产业现代化进程依然处于上升阶段，服务业的快速发展将成为未来经济增长的重要动力。我国经济发展开始呈现出"质量更好，结构更优"的特点。①

1.2 农村改革

对于发展中国家来说，农民是人口的主要组成部分和劳动力的主体力量，农村经济在国民经济中占据着重要地位。作为世界上最大的发展中国家，中国的改革开放是从农村开始的。四十年来，中国农村发生了巨大的变化，不仅在中国历史上留下了浓墨重彩的一笔，在世界历史上也是前所未有的。美国芝加哥大学经济学教授约翰逊·盖尔对我国的农村改革做出了高度评价，"世界上任何地方、任何时候发生的革命，都不能与中国农村改革的成功相媲美"。②如今，经过了四十年的发展，我国农村基本解决了温饱问题，农民的生活水平得到了大幅提升，农业生产方式和生产力都取得了长足的进步。如今，农村改革依然备受关注，十九大报告提出，"农业农村农民问题是关系国计民生的根本性问题，必须始终把解决好'三农'问题作为全党工作重中之重"。③

1.2.1 土地制度改革

中国改革开放的第一步从农村开始，农村改革的第一步从调整农民与土地之间的关系开始。改革开放四十年来，我国始终以土地制度改革为主线，推动"三农"事业的发展，给我国农业农村带来了根本性的变革。土地制度改革的持续推进，不仅成功解决了 13 亿多人口的温饱问题，实现了我国现代化建设"三步走"战略目标的第一步，还极大推进了工业化和城镇化进程，助力于乡村振兴战略的实施。

历史上，我国经常遭受饥荒，粮食短缺问题十分严峻。1949 年中华人民共和国成立之后，虽然我国通过采取建设水利设施、开垦荒地、推行农业技术等一系列措施，提高了农业劳动生产率、加强粮食生产能力，但农民生产积极性不高、土地生产潜力难以得到充分发挥等问题却始终存在。直到改革开放前，人民的温饱问题仍然情势严峻，很多人处于吃不饱饭的生活状态。

十一届三中全会前夕，安徽凤阳小岗村 18 位村民签下"生死状"，搞起了"大包干"，将村内土地分开承包，开启了家庭联产承包责任制的先河。划分土

---

① 赵昌文：《优化升级产业结构培育发展新动能》，《紫光阁》，2018 年第 1 期，第 15—16 页。
② Johnson D. Gale：《经济发展中的农业、农村、农民问题》，商务印书馆，2004 年。
③ 习近平在中国共产党第十九次全国代表大会上的讲话，见新华社 2017 年 10 月 27 日电。

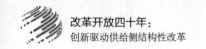

地，按照集体人口平均分配到户，农民种田"交够国家的，留足集体的，剩下都是自己的"，使村民的劳动得到应有的回报，充分调动起了农民的生产积极性。1979 年秋收后，小岗村粮食大丰收，当年粮食总产量共 66 吨，相当于全队 1966 年到 1970 年 5 年粮食产量的总和，家庭联产承包责任制取得了巨大的成功。

家庭联产承包责任制将土地所有权和承包经营权分离，所有权归集体占有，承包经营权由农户占有，极大调动了农民的生产积极性，不仅在短时间内提高了粮食产量，解决了温饱问题，更是坚定了国人改革的信心。作为中国人民的创新之举，家庭联产承包责任制取得了举世瞩目的成果。邓小平同志作出过这样的评价："我们首先解决农村政策问题，搞联产承包责任制，搞多种经营，提倡科学种田，农民有经营管理的自主权。这些政策很见效，三年农村就发了显著变化。"① 家庭联产承包责任制的诞生存在一定的理论基础，许多研究表明，在市场发展不完全的情况下，土地的平均分配可以激发农户生产动力，提高劳动生产率，虽然土地平均分配会导致规模经济的损失，但是在当时中国的特殊历史背景下，家庭联产承包责任制整体上的收益大于损失。

当前我国深化农村土地制度改革，将土地承包经营权分为承包权和经营权，由农民保留土地承包权和流转土地经营权，所有权依然归集体所有，实行土地所有权、承包权、经营权"三权"分置制度。农民外出务工可以把承包地流转出去，获得土地租金，新型农业经营主体取得土地经营权之后可以开展适度规模经营，推动农业现代化。继家庭联产承包责任制之后，"三权"分置制度是我国深化土地制度改革的又一大重要举措，是农村基本经营制度的进一步完善，符合生产关系适应生产力发展的客观规律；有利于明确土地产权关系，维护农民集体、承包农户和经营主体的权益；有利于实现土地的合理利用，发展农村土地适度规模经营，提高劳动生产率和资源利用率。

1.2.2　精准扶贫战略

党的十一届三中全会以来，贫困地区和贫困人口的扶贫开发工作一直受到党中央和国务院的高度重视，这项工作影响到全面建设小康社会目标的成功与否以及对共同富裕的伟大理想的追求。改革开放四十年来，党中央不忘初心，在扶贫工作上不断探索改进，在不同的历史阶段采取不同的扶贫政策，从单纯救济式扶贫转向开发式扶贫、开放式扶贫。

---

① 邓小平：《邓小平文选　第三卷》，人民出版社，1993 年，第 82 页。

改革开放后实行家庭联产承包责任制，通过体制的变革激发了农民的生产热情，提高了土地产出率，满足了大批贫农的温饱需求，实现脱贫致富。根据农业部数据显示，1978 年到 1985 年，贫困人口从 2.5 亿减少至 1.25 亿，贫困发生率从 30.7％下降到 14.8％。从 1986 年起，我国开始成立专门的扶贫工作机构，开展开发式扶贫，通过确定划分贫困县标准、安排专项资金、制定专门的优惠政策，来进行区域性、组织性、规范化的扶贫工作。截至 1993 年，贫困人口从 1.25 亿减少至 8000 万人，国家重点扶持的贫困县农民人均纯收入从 1986 年的 206 元，增加到 1993 年的 483.7 元。1994 年，《国家八七扶贫攻坚计划》出台，目标是于 2000 年底解决 8000 万人的温饱问题，我国扶贫工作进入攻坚阶段。[①] 到 2000 年底，"八七扶贫攻坚计划"基本完成，农村绝对贫困人口减少到 3209 万人，农村贫困人口比例下降到 3.4％。2001 年 6 月，国务院出台了《中国农村扶贫开发纲要（2001—2010 年)》，把贫困人口集中的中西部少数民族地区、革命老区、边疆地区和特困地区作为扶贫开发的重点。[②] 2011 年底，国务院出台了《中国农村扶贫开发纲要（2011—2020 年)》，提出建立健全扶贫对象识别机制，做好建档立卡工作，实行动态管理，确保扶贫对象得到有效扶持。[③]

新世纪中国经济飞速发展，人民生活水平得到了极大的提高，但是在追求经济效益的同时，也难免出现了发展不平衡和贫富差距等问题。为了实现全面建设小康的目标和共同富裕的伟大梦想，2014 年中央提出了"精准扶贫"战略，[④] 就是要根据不同区域的贫困农户的不同情况，采取科学合理的方式对扶贫对象进行精确识别、精确帮扶、精确管理和精准考核。2015 年 10 月，习近平总书记在减贫与发展高层论坛上强调："我们坚持中国制度的优势，构建省市县乡村五级一起抓扶贫，层层落实责任制的治理格局。我们注重抓六个精准，即扶持对象精准、项目安排精准、资金使用精准，措施到户精准、因村派人精准、脱贫成效精准，确保各项政策好处落到扶贫对象身上。"[⑤]

2015 年联合国《千年发展目标报告》数据显示，中国极端贫困人口比例

① 国务院：《国家八七扶贫攻坚计划》，《四川政报》，1994 年 19 期。

② 国务院：《中国农村扶贫开发纲要（2001—2010 年)》，《中华人民共和国国务院公报》，2001 年 23 期。

③ 中共中央　国务院：《中国农村扶贫开发纲要（2011—2020 年)》，见新华社 2011 年 12 月 01 日电。

④ 习近平在 2015 减贫与发展高层论坛上的讲话，见新华网 2015 年 10 月 16 日电。

⑤ 习近平在 2015 减贫与发展高层论坛上的讲话，见新华网 2015 年 10 月 16 日电。

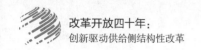

从 1961 年的 61%，下降到 2002 年的 30% 以下，再到 2014 年的 4.2%，对全球减贫的贡献率超过 70%，是世界上率先完成联合国千年发展目标的人。经过改革开放以来的不懈努力，截至 2016 年，我国农村贫困人口减少到 4335 万人，贫困发生率下降到 4.5%，共实现 7 亿多贫困人口脱离贫困。

1.2.3 城镇化发展

改革开放四十年以来，中国城镇化水平稳步增长，城镇人口从 1978 年的 1.7 亿增加至 2016 年的 7.8 亿，城镇化率从 1978 年的 17.92% 提高至 2016 年的 57.35%。在城镇化过程中，大批农村剩余劳动力转移到城市，从生产率较低的部门转移至生产率较高的部门，提高了整体劳动生产率水平，为农民增加了收入。

按照美国城市学家诺瑟姆的理论，城镇化进程呈现出一条 S 形曲线，把我国的城镇化进程分为三个阶段：1978 年到 1994 年为城镇化起步阶段，农村经济体制改革是城镇化的主要推动力量，提高了农民的劳动积极性，使农民拥有了空闲时间，乡镇企业的诞生带动了工业人口迅速增长，推动了城镇化发展，城镇化率由 1978 年的 17.92% 上升到 1994 年的 30.02%，年均提高 0.76 个百分点；1995 年到 2012 年为城镇化加速阶段，工业化进程加快，工业化与城镇化联系更加紧密，农村人口迅速向城市聚集，城乡间人口流动增加，同时伴随着对外出务工的农村人口的保障政策不断出台，城镇基础设施建设不断完善，城镇化进程发展迅速，到 2012 年，城镇化率达到 51.89%，年均提高 1.21 个百分点；2012 年至今为新型城镇化阶段，注重城镇化发展质量，把过去片面追求城市规模加大，转为提升城市的生活品质，在把农村人口转移到城市以后，真正实现农民到市民的转变。

2012 年后，中国经济逐步进入以产业升级、结构调整为主的"新常态"，前一阶段城镇化加速发展中产生的问题逐渐凸显出来。虽然以常住人口为标准，中国的城镇化率依然保持快速增长，但是常住人口与户籍人口之间的缺口也在逐渐加大（如图 1-2 所示），也就是流动人口的占比不断增加。与世界范围普遍的城镇化不同，中国的城镇化人口流动并非从农村到城市的单向迁移，而是农村到城市之间的往返流动，农村人口虽然转移到城市，但是没有真正落户。党的十八大提出："坚持走中国特色新型工业化、信息化、城镇化、农业现代化道路，推动信息化和工业化深度融合、工业化和城镇化良性互动、城镇化和农业现代化相互协调，促进工业化、信息化、城镇化、农业现代化同步发展。"[1] 从此新型城镇化成为我国城镇化发展的指导方针。

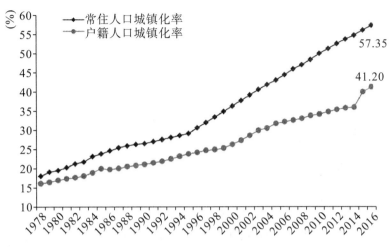

图 1-2　常住人口城镇化率和户籍人口城镇化率

资料来源：周飞舟，吴柳财，左雯敏，李松涛：《从工业城镇化、土地城镇化到人口城镇化：中国特色城镇化道路的社会学考察》，《社会发展研究》，2018 年第 1 期，第 42—64+243页。

新型城镇化的重点在于"人的城镇化"。截至 2016 年，户籍人口城镇化率为 41.2%，常住人口城镇化率为 57.35%，说明有 16.15% 的农村人口虽然进入城市，但是却没有真正成为城市人口，享受与市民平等的待遇。实现这部分人的落户，让他们享受到应有的社保、医疗和子女教育等公共服务是新型城镇化的发展方向。城镇化可以有效拉动内需，化解产能过剩，提高消费水平，是中国经济增长的重要动力，目前发达国家的城镇化率普遍超过 80%，相比之下中国城镇化还有很大的发展空间。

1.3　对外开放

改革开放前，我国存在一种盲目自信、排斥向国外学习的风气，将国外先进的技术和经验拒之门外，导致各方面发展而落后于国外发达国家。党的十一届三中全会以后，我国开始实行对外开放政策，积极引进国外的资金、技术和先进经验，放开了中国经济和世界经济的联系，使国内市场更加繁荣，市场经

---

① 胡锦涛在中国共产党第十八次全国代表大会上的讲话，见新华社 2012 年 11 月 18 日电。

济得到了迅速发展。1992 年邓小平同志"南方谈话"之后，对外开放范围进一步扩大，从沿海地区向内陆扩张。回顾四十年改革开放历程，对外开放是最大的改革，通过开放中国经济融入世界经济，形成了中国的开放型经济。从"引进来"到"走出去"，中国如今在一体化的全球经济中占据着重要地位，带动了周边合作经济体共同发展、共同进步。习近平总书记在十九大报告和 2018 年博鳌亚洲论坛中谈到对外开放，提出"中国要推动形成全面开放新格局。中国开放的大门不会关闭，只会越开越大"，① "过去四十年中国经济发展是在开放条件下取得的，未来中国经济实现高质量发展也必须在更加开放条件下进行"，② 今日的中国正前所未有地走近世界舞台的中心，前所未有地接近实现中华民族伟大复兴的梦想。

1.3.1 对外贸易

改革开放四十年来，我国对外贸易迅速增长，截至 2016 年，进出口贸易总额达到 3.69 万亿美元，占 GDP 的比重为 32.9%，成为世界上第一大商品贸易出口国、第二大商品贸易进口国、第二大服务贸易进口国、第三大服务贸易出口国。按照贸易依存度指标进行比较，在总人口超过一亿的国家和地区中，我国的贸易依存度最高，对外贸易在我国国民经济中占据着重要地位。

从出口的具体产品来看，中国贸易规模扩大的同时，产业结构也在不断升级优化。1978 年农产品和农产品消费品占我国出口商品中的 75% 以上，从国家统计局的最新数据来看，2015 年初级产品（农产品、燃料以及矿产品）的出口额仅占我国商品出口总额的 3.3%，工业制成品在我国出口商品中的比重最大，达到了 94.3%，因此中国被称为"世界工厂"，是为世界市场提供工业品的制造业基地，高新技术产品出口额接近 30%。中国很多商品在世界市场占据最大份额，在全球全部出口项目中，中国有 31% 的商品出口占有率达到第一位。

从对外贸易的结构来看，随着我国服务业的发展，其在三大产业中的占比逐渐上升，服务贸易的规模也在不断扩大。2016 年，中国服务进出口总额为 0.66 万亿美元，占据世界第二位，仅次于美国。其中，出口额为 0.21 万亿美元，占世界服务出口总额的 4.3%，而进口额为 0.49 亿美元，占世界服务进

---

① 习近平在中国共产党第十九次全国代表大会上的讲话，见新华社 2017 年 10 月 27 日电。
② 习近平在博鳌亚洲论坛 2018 年年会开幕式上的讲话，见《人民日报》2018 年 04 月 11 日 03 版。

口总额的 9.6%。服务业的发展水平是衡量一个国家发达程度的重要指标，贸易结构向服务贸易转移为中国贸易健康发展提供保障。

纵向来看，改革开放后中国对外贸易迅速发展，货物贸易进出口总额从 1978 年的 20640 百万美元增加至 2001 年的 509651 百万美元，在 2001 年加入 WTO 以后，增长率超过 20%（如表 1-4 所示），截至 2016 年，增加至 3685557 百万美元，年均增长速度 15.23%。其中，尽管 2009 年受全球金融危机的影响，外需大量减少，货物进出口总额出现下降，2010 年后对外贸易继续保持高速增长，直到 2015 年受全球经济放缓、贸易市场低迷的影响，进出口贸易总额震荡下滑，但是从全球范围来看，中国对外贸易情况依然好于其他主要经济体，进出口规模占据世界第一。

表 1-4　中国货物进出口总额

时间	进出口总额（百万美元）	变动额（百万美元）	进出口额增长率（%）	时间	进出口总额（百万美元）	变动额（百万美元）	进出口额增长率（%）
1978	20640	5840	39.46	1998	323949	−1213	−0.37
1979	29330	8690	42.10	1999	360630	36681	11.32
1980	38140	8810	30.04	2000	474297	113667	31.52
1981	44030	5890	15.44	2001	509651	35354	7.45
1982	41610	−2420	−5.50	2002	620766	111115	21.80
1983	43620	2010	4.83	2003	850988	230222	37.09
1984	53550	9930	22.76	2004	1154554	303566	35.67
1985	69602	16052	29.98	2005	1421906	267352	23.16
1986	73850	4248	6.10	2006	1760438	338532	23.81
1987	82650	8800	11.92	2007	2176175	415737	23.62
1988	102790	20140	24.37	2008	2563255	387080	17.79
1989	111680	8890	8.65	2009	2207535	−355720	−13.88
1990	115436	3756	3.36	2010	2974001	766466	34.72
1991	135634	20198	17.50	2011	3641864	667863	22.46
1992	165525	29891	22.04	2012	3867119	225255	6.19
1993	195703	30178	18.23	2013	4158993	291874.5	7.55
1994	236621	40918	20.91	2014	4301527	142533.9	3.43
1995	280864	44243	18.70	2015	3953033	−348495	−8.10

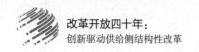
续表1-4

时间	进出口总额（百万美元）	变动额（百万美元）	进出口额增长率（%）	时间	进出口总额（百万美元）	变动额（百万美元）	进出口额增长率（%）
1996	289881	9017	3.21	2016	3685557	−267475	−6.77
1997	325162	35281	12.17				

资料来源：国家统计局 http://data.stats.gov.cn/index.htm。

十九大报告指出，要"拓展对外贸易，培育贸易新业态新模式，推进贸易强国建设"。[①] 从贸易大国到贸易强国的转变，就是要从片面的注重数量的增长转向提升贸易质量效益。这要求我国的出口产品生产必须从模仿制造转变为创新创造，从大进大出转变为优进优出，培育对外贸易竞争新优势，从主要依靠传统优势产品转变为更多发挥综合优势，推动服务贸易创新发展，从国际产业链低端向产业链中高端不断提升。

1.3.2 国际投资

在国际投资领域，中国实行"引进来"与"走出去"相结合，一方面吸引国外投资，另一方面加大对外投资。根据国家统计局公布的数据，2001年中国实际利用外资496.72亿美元，2016年增加至1260.01亿美元，增加了764亿美元，增长了大约1.5倍。2007年中国对外直接投资净额为265亿美元，2016年增加至1961.5亿美元，在九年的时间内，增加了6.4倍。值得关注的是，中国对外投资超过了吸引外资，已经成为资本净输出国。

纵观全球发展中国家，中国吸收外资规模已经连续25年居于首位。跨国公司在华地区的投资总部和研发中心超过2800家。虽然外资企业数量占中国企业总数不到3%，但是在国民经济的发展中起到了相当大的作用。外资企业在国内提供了1/10的城镇就业岗位，贡献了1/5的税收收入、1/4的工业总产值以及接近1/2的进出口额。

联合国贸易和发展会议（UNCTAD）2017年6月发布的《世界投资报告》数据显示：2016年，中国是继美国、日本之后世界第三大对外投资国。截至2016年底，中国对外投资流量累计达到1.45万亿美元，存量的全球排名跃升至第六位。中国企业在国外建立了99个经贸合作区，共投资324万亿美元，2.44万家中国境内投资者在国外设立对外直接投资企业3.72万家，分布

---

① 习近平在中国共产党第十九次全国代表大会上的讲话，见新华社2017年10月27日电。

在全球 190 个国家（地区），创造当地就业机会 24.7 万个。我国在非洲建立基础设施项目累计达到 1100 多个，其中多个工业园区填补了非洲国家工业方面的空白，同时非洲地区旺盛的基础设施需求也给我国对外投资带来了巨大收益，一个个中国桥、中国路、中国港、中国网使我国的国际地位进一步提升。

当前，我国正在促进境外投资合作项目建设运营一体化，鼓励企业通过 BOT、PPP 等模式参与政府基础设施建设以及后续的运营管理，包括投资建立物流基地、售后服务和维修中心，实现对外投资项目的可持续发展。同时，企业介入项目运营和维护，有助于确保项目平稳运行并产生稳定现金流，从而为企业带来长期经济效益，提升国际化经营能力，培育国际竞争新优势。当前，中国同老挝、越南、缅甸、蒙古、尼泊尔等国陆续开始建设跨境经济合作区，中国企业参与在泰国、柬埔寨、印度、巴基斯坦等国家的 28 个境外经贸合作区建设，充分利用国内外资源，参与国际竞争与合作，实现互利共赢。

1.3.3 开放模式不断创新

在对外开放的过程中，我国不断创新开放模式，从 20 世纪 80 年代设立经济特区、开放沿海港口城市、建立沿海经济开发区，到 90 年代开放沿江及内陆和沿边城市，再到新世纪设立出口加工区、保税区、保税物流园区和综合保税区等。党的十八大以来，开发模式继续创新，在国内多个城市共设立了十一个自由贸易试验区、三个跨境经济合作区、十七个边境经济合作区，积极参与全球经济治理，维护多边贸易体制，推进国际规则谈判，发起"一带一路"倡议，创新多种对外开放模式。

第一，积极参与全球经济治理。2012 年以来，中国通过 G20 提出"中国方案"，举办亚太经合组织会议打造"中国印记"，参与金砖国家会议贡献"中国智慧"，提出维护多边贸易体制的方案，坚定支持多哈回合谈判。作为最大的发展中国家，中国以更积极的姿态参与国际事务管理，承担国际责任和义务，发挥大国作用。

第二，"一带一路"倡议取得积极进展。2013 年，习近平总书记提出建设"新丝绸之路经济带"和"21 世纪海上丝绸之路"的合作倡议，以和平发展为前提，积极与沿线国家构建经济合作伙伴关系，携手共同打造政治互信、经济融合、文化包容的利益共同体、命运共同体和责任共同体。目前，全球有一百多个国家参与"一带一路"合作，合作范围不断扩大，合作领域不断加深。"一带一路"构建多渠道交流平台，为全球治理提供新的路径，给沿线国家带来切实的利益，为世界共赢提供中国方案，促进发展中国家与发达国家的交流

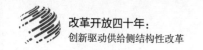

合作，为全球均衡可持续发展提供动力。

第三，自由贸易试验区不断扩展。2013 年，中国设立上海自贸区，2015年在广东、天津、福建东部沿海地区设置 3 个自贸区，2017 年在辽宁、浙江、河南、湖北、重庆、四川、陕西中西部地区新设 7 个自贸区，形成了"1+3+7"共计 11 个自由贸易试验区的格局。习近平总书记在十九大报告中指出，要"赋予自由贸易试验区更大改革自主权，探索建设自由贸易港"①。自由贸易试验区有利于培育中国面向全球的竞争优势，以开放促发展，拓展经济增长的新空间。

1.4 民生与就业

改革开放后中国特色社会主义市场经济的发展，改变了原先落后的生产关系无法适应生产力的状况，充分解放了生产力，社会财富迅速积累，人民的生活水平也随之得到提高。改革开放四十年来，人民的收入水平大幅增长，居民消费结构从温饱型转向为小康型，从满足生活基本需求到追求精神层面等高层次的心理满足。此外，人口预期寿命从 1981 年的 67.77 岁提高到 2015 年的76.34 岁，高于世界人口的平均预期寿命（71.60 岁），也超过了中上收入国家平均水平（74.83 岁）。文盲率从 1982 年的 22.8% 下降到 2016 年的 5.28%，远远低于 13.76% 的世界平均水平，每年有数百万高校毕业生走向工作岗位。

1.4.1 居民收入

人均 GNI 即人均国民总收入是由世界银行测算，用于比较不同国家或地区之间平均收入水平的指标。与人均 GDP 不同，人均 GNI 侧重于"收入"而非"生产"，反映国民收入初次分配的结果。

根据世界银行数据显示，1978 年中国人均收入仅为 200 美元，约为世界平均水平 1931 美元的 1/10。从表 1-5 可以看出，按照世界银行通过人均国民总收入划分的分组，1990 年我国还属于低收入国家，到 2000 年人均国民总收入增长了将近两倍，成为中等偏下收入国家。21 世纪中国加入 WTO 以来国民收入快速增长，2010 年人均国民总收入达到了 4340 美元，约占高收入国家下限的 35.36%，步入了中等偏上收入国家行列。这之后，中国国民收入始终保持稳定高速增长水平，2016 年人均国民总收入为 8250 美元，约占高收入国

---

① 习近平在中国共产党第十九次全国代表大会上的讲话，见新华社 2017 年 10 月 27 日电。

家下限的 67.43%。2010 年到 2016 年 7 年的时间内，中国人均国民总收入在高收入国家下限占比从大约 1/3 增长至 2/3，按照这个速度，到 2023 年左右中国将成为高收入国家。实际上，由于世界经济陷入低迷，世界银行公布的高收入国家标准近几年不断降低，而我国经济始终保持 6% 以上的增长，人均国民总收入在高收入国家下限占比的增长量逐年递增。按照这个趋势，到建党 100 周年我国全面建成小康社会前后，我国将正式从中等偏上收入国家进入高收入国家行列，在新的起点上开启社会主义现代化建设的新征程。

表 1-5　世界银行收入水平分组和中国所处类别

年份	世界银行按人均 GNI 划分的分组（美元）				中国人均 GNI（美元）	为高收入国家标准的占比（%）	中国所处类别
	低收入国家	中等偏下收入国家	中等偏上收入国家	高收入国家			
1990	≤580	581~2,335	2,336~6,000	>6,000	330	5.50	低收入
2000	≤755	756~2,995	2,996~9,265	>9,265	940	10.15	中等偏下收入
2005	≤825	826~3,255	3,256~10,065	>10,065	1760	17.49	中等偏下收入
2008	≤975	976~3,855	3,856~11,905	>11,905	3100	26.04	中等偏下收入
2009	≤995	996~3,945	3,946~12,195	>12,195	3690	30.26	中等偏下收入
2010	≤1,005	1,006~3,975	3,976~12,275	>12,275	4340	35.36	中等偏上收入
2011	≤1,025	1,026~4,035	4,036~12,475	>12,475	5060	40.56	中等偏上收入
2012	≤1,035	1,036~4,085	4,086~12,615	>12,615	5940	47.09	中等偏上收入
2013	≤1,045	1,046~4,125	4,126~12,745	>12,745	6800	53.35	中等偏上收入
2014	≤1,045	1,046~4,125	4,126~12,735	>12,735	7520	59.05	中等偏上收入
2015	≤1,025	1,026~4,035	4,036~12,475	>12,475	7950	63.73	中等偏上收入
2016	≤1,005	1,006~3,955	3,956~12,235	>12,235	8250	67.43	中等偏上收入

资料来源：世界银行 WDI 数据库。

通过与世界其他国家进行横向比较（如表 1-6 所示），可以看出中国在世界银行公布的 216 个国家或地区中排名 82 位，人均国民总收入远高于中等收入国家 4891 美元的平均水平，但是距离高收入国家 41254 美元的平均水平还存在一定差距。与欧美和亚洲发达国家相比，中国收入水平还需要一段时间才能赶上，这种差距主要由于我国是从一个较低的起点开始的，虽然经过四十年的发展，进步很大，但是其他国家也在同时发展，并且由于他们起点较高，工业化开始较早，我国要赶上发达国家还需要一个较长的过程。然而，从发展中

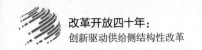
国家来看，我国人均国民总收入已经处于前列，远高于中等偏上收入国家下限，预计不久以后将会达到世界平均水平，带领众多发展中国家不断进步。

表 1-6　2016 年世界主要国家人均 GNI 及其世界排名

国家	人均 GNI（美元）	世界排名	国家	人均 GNI（美元）	世界排名
瑞士	82090	1	马来西亚	9860	69
美国	56850	6	巴西	8840	77
新加坡	51880	12	中国	8250	82
德国	43940	16	泰国	5640	106
中国香港	42940	18	南非	5480	109
英国	42370	20	中等收入国家	4891	
法国	38720	24	菲律宾	3580	143
日本	38000	26	印度尼西亚	3400	147
韩国	27600	34	印度	1670	173
高收入国家	41254		中低收入国家	444	
世界	10321		低收入国家	618	

资料来源：世界银行 WDI 数据库。

党的十九大提出了两步走全面建设社会主义现代化国家，预计到 2035 年我国基本实现社会主义现代化时，我国的人均国民总收入将会超过 20000 美元。这虽然与发达国家还存在一定差距，但是中国具有强劲的后发优势与潜在的制度红利，人民幸福指数可能会超过同等人均国民总收入国家。之后我国在全面社会主义现代化进程中，由于经济总量较高，增长速度减缓，但是增长质量将会更高，在高质量发展阶段，我国人均国民总收入与发达国家之间的差距将会更小。改革开放四十年以来，我国从一个贫穷、落后的低收入国家发展成为繁荣富强的中等偏上收入国家，并且在国际上具有相当的影响力，进步之快令世界惊叹。未来中国将成为富强民主文明和谐的社会主义现代化强国，实现中华民族伟大的复兴梦。

1.4.2　社会保障制度

社会保障制度关系到亿万大众的切身利益，完善的社会保障体系能够有效降低城乡群众面临的失业、疾病等生存风险，有助于维护社会稳定；能够对收入分配不均进行再分配，缩小贫富差距，实现社会公平；能够满足人民的基本生活需求和医疗需求，帮助构建和谐社会。因此，社会保障制度是维护国家长治久安的重要工具，需要国家高度重视，并且积极地推动这一制度的发展与健全。

改革开放以来，我国社会保障制度已经实现了由"国家－单位"保障制向"国家－社会"保障制的变革，大致可以分为五个阶段：1978 年到 1985 年为社会保障制度改革的准备阶段，对前一时期的问题进行整改和补救，逐渐恢复正常的社会保障制度；1986 年到 1992 年，伴随着国企改革，国家开始寻求由国家、企业、个人共同负担的新型社会保障制度；1993 年到 2001 年是社会保障制度改革的探索阶段，中国共产党十四届三中全会明确阐述了建立多层次的社会保障体系的社会保障制度改变目标，逐渐建立了下岗职工基本生活保障、失业保障、城镇居民最低生活保障三条保障线；2002 年到 2008 年是社会保障制度改革全面深化阶段，党的十六大提出构建社会主义和谐社会的目标，加快建立覆盖城乡居民的社会保障体系，社会保障制度开始进入城乡统筹发展和制度创新完善的新阶段；2009 年至今是社会保障制度加速发展阶段，公共投入力度持续加大，社会保障普及化、均等化程度加强，惠及全民的社会保障体系逐渐形成。十九大报告中指出，"要加强社会保障体系建设，全面建成覆盖全民、城乡统筹、权责清晰、保障适度、可持续的多层次社会保障体系"。

我国社会保障改革取得了巨大成就。首先，变革了社会保障理念。旧观念认为人民应靠国家、单位、集体来保障，改革开放以后形成了由政府、企业、个人和社会多方面共同分担保障责任的观念，从原先的恩赐意识、权利主义转变为平等意识和责任分担，为社会保障的改革扫清障碍。其次，实现了制度转型。由国家负责、单位包办、封闭运行、福利型的"国家－单位"保障制度，转变为国家主导、责任共担、权利和义务相结合的多层次"国家－社会"保障制度，这是社会主义市场经济发展的重要体现，社会保障制度向着理性并且可持续发展的方向转变。

1.4.3 就业结构

改革开放以来，中国就业结构呈现出大规模劳动人口从农业和工业转移向第三产业的变动趋势，从"一、二、三"型结构逐渐转变为"三、二、一"型结构。就业结构的转变符合"配第－克拉克定理"，即随着产业结构的变动，劳动力从农业领域流向工业领域，最后从工业领域向商业领域移动。如图 1－3 所示，第一产业就业人数比重从 1978 年的 71% 降低至 2016 年的 28%，而第三产业就业人口比重持续上升，2016 年达到总就业人口的 43%，第二产业就业人口占 29%，中国劳动力就业结构基本完成了从以农为主向非农为主的结构转变过程。这种就业结构的巨大转变，使劳动力向效率更高的部门流动，劳动者平均劳动生产率提高，对 GDP 的贡献大幅增加，在国际上占据劳动力价格优势，将人口负担转化为人口红利，成为经济发展的重要动力和源泉。

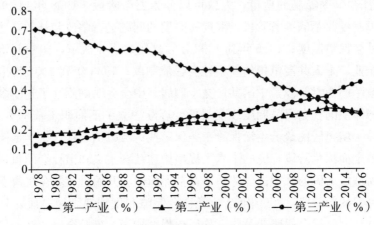

图 1-3 中国三次产业就业人数比重趋势

资料来源：国家统计局 http://data.stats.gov.cn/index.htm。

随着城镇化进程的深入，我国城乡就业结构也逐渐发生改变。城乡间的人口流动障碍渐渐消除之后，出现了乡村人口向城镇转移的趋势，1978 年时城镇人口为 17245 万人，占总人口的 18%，而 2016 年城镇人口达到 79298 万人，比重增加至 57%，城镇人口已经超过乡村人口。如表 1-7 所示，城镇就业人口在总就业人口中的比重也在逐年上升，从 1978 年的 23.69%，增长到 2014 年超过乡村就业人口，2016 年已经占据总就业人口的 53.38%。由此可见，我国城乡就业结构与我国城镇化进程保持一致。

表 1-7 中国城乡就业人数和比重

时间	城镇		乡村	
	就业人员（万人）	比重（%）	就业人员（万人）	比重（%）
1978	9514	23.69	30638	76.31
1980	10525	24.85	31836	75.15
1985	12808	25.68	37065	74.32
1990	17041	26.32	47708	73.68
1995	19040	27.97	49025	72.03

续表1—7

时间	城镇		乡村	
	就业人员（万人）	比重（%）	就业人员（万人）	比重（%）
2000	23151	32.12	48934	67.88
2005	28389	38.03	46258	61.97
2010	34687	45.58	41418	54.42
2011	35914	47.00	40506	53.00
2012	37102	48.37	39602	51.63
2013	38240	49.68	38737	50.32
2014	39310	50.88	37943	49.12
2015	40410	52.17	37041	47.83
2016	41428	53.38	36175	46.62

资料来源：国家统计局 http://data.stats.gov.cn/index.htm。

1.5 科技创新

现代经济增长理论认为，从长期来看，科技创新决定了一个国家的经济绩效。改革开放以后，中国经济高速增长，但主要是依靠资源、资金和廉价劳动力。为了国民经济持续健康发展，提高经济发展质量，1995 年，国家提出了科教兴国战略，科学技术是第一生产力，要把科技和教育摆在更加重要的位置，通过促进科技发展，增强了中国科技创新能力，提高了国民的科技文化素养。进入 21 世纪，全球以信息技术为核心的科技革命到达高潮，中国逐渐转变经济发展方式，建设以技术创新为核心发展动力的创新型国家。习近平总书记在十九大报告中指出，"创新是引领发展的第一动力，是建设现代化经济体系的战略支撑"[①]。当前，中国科技创新成果爆炸性增长，新能源、新材料、基金技术、人工智能等多种新技术飞速发展，科技实力和创新能力显著增强，我国已经初步建立起国家科技创新体系，加速科学技术向生产力转变，让科技成为中国经济发展的核心驱动力。

---

① 习近平在中国共产党第十九次全国代表大会上的讲话，见新华社 2017 年 10 月 27 日电。

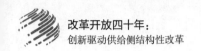
1.5.1　科技实力

一个国家的科技实力可以通过要素总量和投入规模来衡量。改革开放以来，我国科技人力资源存量大幅上升，高素质科技研发人员成为推动科技创新的重要力量。1992 年，我国科技研发人员仅为 67 万人，2016 年增加至 388 万人，位居世界第一位，R&D 经费支出达到 15677 亿元，位居世界第二位。从康奈尔大学、英士国际商学院（INSEAD）和世界知识产权组织（WIPO）共同发布的《2017 年全球创新指数报告》来看，中国全球创新指数（GII）在世界 127 个国家和地区中排名第 22 位，其中中国创新效率排名第 3 位，创新质量排名第 16 位。在中上收入国家中，中国在 GII 指数、创新投入、创新产出和创新效率方面均排在第一位，逐渐拉近与高收入发达国家之间的差距，向高收入国家迅速靠拢。

中国 R&D 投入不断增加，R&D 经费投入在 GDP 中占比达到 2.11%，超出世界平均水平，大大改善了科技研发条件，形成了包括大科学装置、大型科学仪器、国家重点实验室、自然科技资源库、科学数据库文献库、行业技术平台、企业研发中心等较完备的科技基础条件；一批世界瞩目的大科学工程，如黔南最大单口径射电望远镜（FAST）、合肥"人造太阳"核聚变装置、上海同步辐射光源装置、大亚湾中微子实验室、西南野生生物种质资源库等等相继投入使用，构筑起了我国科技发展的新基础。但是与国际上创新能力较强的国家相比，我国 R&D 经费投入强度仅为韩国和日本的一半，欧盟的《2020 年发展目标》将 2020 年科技研发投入占 GDP 的比重定为 3%，我国科技创新能力的进一步发展还需要更大力度的科技研发投入。

1.5.2　创新能力

科技产出和科技成果是衡量一个国家创新能力的重要标志。2017 年 10 月，中国科学技术信息研究所发布的《中国科技论文统计结果》表明，我国的科技论文发表数从 2005 年的 94.34 万篇增长至 2016 年的 165 万篇，仅次于美国排在世界第二位，我国科技人员发表的国际论文共被引用 1935.00 万次，进入世界第二位，其中高被引论文和热点论文均位于世界第三位，材料领域的相关成就列世界首位。

如今，我国利用化学物质合成完整活性染色体，成为继美国之后第二个具备真核基因组设计与构建能力的国家，成功构建出世界上第一台光量子计算机，首次发现了突破传统分类的新型费米子，研制出世界首颗量子科学实验卫星"墨子号"，成功实现了千公里级的星地双向量子通信，实现首次海域天然气水合物试开采，培育出超高产优质"巨型稻"，暗物质粒子探测卫星"悟空"发现疑似暗物质踪迹等等。我国在基础科学研究领域和战略高技术领域取得了一系列重大研究成果，并首次荣获诺贝尔生理学或医学奖、国际超导大会马蒂亚斯奖、国际量子通信奖等国际权威奖项。

根据 2018 年 3 月世界知识产权组织公布的 2017 年通过《专利合作条约》(PCT) 提交的国际专利申请统计排名，中国专利申请量专利申请数量为48882 件，首次超越日本成为世界第二位。世界知识产权组织预计，中国的专利申请数量有望在未来三年内超越美国。在企业排名方面，华为以 4024 件专利申请量首次位居首位，中兴通讯以 2965 件专利申请数紧随其后，中国企业对世界技术创新的影响越来越大。国家倡导的"大众创业、万众创新"理念逐渐深入人心，创新创业成为经济转型发展时期的稳定器。截至 2016 年，国内已有 4298 家各类众创空间、3200 多家科技企业孵化器、400 多家加速器、17个国家自主创新示范区和 146 个国家高新区，逐渐形成完整的创业服务链条，为中国经济高质量发展输送新鲜血液。

1.5.3 科技贡献率

在科技实力和创新能力同步提升之时，我国科技对经济社会发展的贡献也在大幅提升。1995 年，国家正式将可持续发展作为国家重大战略，开始逐渐转变经济发展方式，将科技创新作为推动经济可持续发展的重要动力。之后我国多个领域核心技术不断创新突破，高新技术产业和战略新兴产业的规模和实力持续增强。传统工业、制造业、服务业等多个行业的技术水平显著提高，为三峡工程、青藏铁路、西气东输、南水北调、奥运世博等重大工程建设和举国盛事提供了有力支撑。同时，在经济转型过程中，通过科技创新转变增长模式，以创新驱动经济增长，在关系到国计民生的各个方面起到了积极的推动作用，在应对节能减排、气候变化、传染病防治等社会问题方面均提供了有效支撑。

从中国科学技术发展战略研究院测算的科技贡献率指标来看，如表 1—8所示，无论是在 10％以上的经济高速增长阶段，还是 6％以上的经济中高速增长阶段，科技进步对经济发展贡献率始终呈现增长趋势，从 2000 到 2005 年的43.2％增长至 2011 到 2016 年的 56.4％。2003 年，胡锦涛同志提出科学发展观，使我国发展理念得到又一次重大进步，促进了科技创新水平加速发展。到2005 年，中国科技进步贡献率超过 50％，标志着科技创新进入新的发展阶段。

当前，我国处于经济中高速增长的新常态阶段，在供给侧改革过程中，更应该重视科技创新的作用，把提高经济发展质量作为未来的发展目标。2016年，我国科技进步对经济发展的贡献率达到了56.4%，说明我国正在逐步形成创新驱动经济的新型发展模式。2018年5月28日，习近平总书记在中国科学院第十九次院士大会、中国工程院第十四次院士大会上强调："中国要强盛、要复兴，就一定要大力发展科学技术，努力成为世界主要科学中心和创新高地。"为了实现中国经济长期保持中高速增长，迈向中高端水平，必须要实施创新战略，加快建设创新型国家，从"追随者"转变为"引领者"。

表1—8　中国分阶段科技贡献率

项目	2000—2005	2001—2006	2002—2007	2003—2008	2004—2009	2005—2010	2006—2011	2007—2012	2008—2013	2009—2014	2010—2015	2011—2016
科技进步贡献率（%）	43.2	44.3	46	48.8	48.4	50.9	51.7	52.2	53.1	54.2	55.3	56.4
GDP年均增速（%）	9.58	10.29	11.27	11.36	11.25	11.34	11.03	10.22	9.14	8.75	8.33	7.67

资料来源：国家统计局社会科技和文化产业统计司，科学技术部创新发展司，《中国科技统计年鉴——2017》，中国统计出版社，2017。

人们自己创造自己的历史，但是他们并不是随心所欲地创造，并不是在他们自己选定的条件下创造，而是在直接碰到的、既定的、从过去继承下来的条件下创造。①

——马克思

四十年中国特色经济体制实践

1978 年，以中共十一届三中全会为标志，中国开启了改革开放的历史进程。改革开放的最初动机，是要在当时中国社会主义体制框架内完善中央计划经济，改革政策以促进市场导向的结构转变，带来繁荣的市场经济。在党的领导下，从传统计划经济向市场经济过渡的道路好比摸着石头过河，从农村到城市，从试点到推广，从经济体制改革到全面深化改革，中国的改革开放不断突破，取得了全方位的发展成就。四十年后的今天，在习近平新时代中国特色社会主义思想引领下，党和国家的事业全面开创新局面。这四十年经济转型全面深化改革的历程中，关于计划与市场的讨论，关于社会主义与资本主义的讨论，关于公有制和私有制的探索不断进行。在这漫长的历程中，我们不断求索叩问中国究竟要向何处去？以历史为镜，为改革寻找方向；研究中国现状，为改革寻找登峰的最优路径。改革从根本上来说是一场社会变革，是一系列关于经济、政治、社会和文化等方面的体制机制转型和变革。因此，中国四十年经济体制改革历程，关系着国家命运发展趋势，联系着人民福祉。国家重塑经济体制，通过一系列的改革创新、改革实践和改革探索推动中国经济发展、社会进步，带给人民更有尊严更有幸福的生活，也推动中国走向更美好的未来。这

---

① 中共中央马克思恩格斯列宁斯大林著作编译局编译：《马克思恩格斯全集 第八卷》，2 版，人民出版社，2018 年。

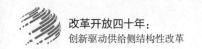
四十年的改革，也是一个帕累托改进的过程，政策在实践中渐进调整优化，维护大多数人的利益，直到改革调整到接近帕累托最优。中国改革开放的历程，是中国特色社会主义市场经济的实践过程，在这个过程中，发现问题，解决问题，从本质上来说，也是供给侧结构性改革的过程。当前创新驱动的供给侧结构性改革，根据社会主义市场经济运行规律，提前预测风险，宏观调控，很大程度上降低了系统性风险，为国家高质量发展提供保障。

四十年的实践证明改革开放是发展中国特色社会主义的正确选择，是在结合中国国情的情况下，走中国自己的道路。在改革开放过程中，不断解放思想，创新发展，是实现中华民族伟大复兴的必由之路。中国的改革开放，顺应时代潮流，符合党心民心，是党和人民从历史和现实中得出的不可动摇的结论。中国特色社会主义实践是一个循序渐进发展的过程，每一步小的革新都为下一步的发展提供了动力和支撑。四十年的改革积累和反思研究，为深入探索经济发展的改革路径提供科学依据。以问题为导向，以满足需求为目的，对供给侧进行结构性调整，加强制度创新，提供有效制度供给。新时期实施的供给侧结构性改革，有助于建立现代化经济体系，进一步完善社会主义市场经济体系。

2.1 从计划经济到市场经济的实践

2.1.1 对计划经济与市场经济的解构

我国理论界对"市场经济"存在着多种解释，基本上可归纳为两大类：一类是把市场经济看成社会资源配置的一种形式，这是主流认识；另一类是把其看成商品经济高度发展的一种经济运行形式。实际上这两种解释有内通之处。国外对"市场经济"的解释大体也有两种：一种是把市场经济看成市场对商品生产实行调节的一种方式，也是一个资源配置问题；另一种是把市场经济看成一种经济制度进而等同于资本主义经济，理解成为资本主义制度的同义语，不能够区分出社会形态和经济模式，混淆两个概念，认为发展市场经济就是走资本主义道路，这是改革开放前的主流观点。在第二个观点的限制下，改革步伐受到重重阻碍，创新改革成为发展社会主义市场经济的必要条件。以上是提出"解放思想"这一重要思想武器的大背景，也是时代对于改革的呼唤。突破困境，打破禁锢，解放思想，实事求是，中国改革开放由此启程。

中国对内进行经济体制改革，不断改革单一的所有制结构，解除经济体制中不适应生产力的部分。在改革过程中，中国结合国情和实际，借鉴历史和现实，坚持不盲从照搬西方资本主义经济体制，另辟蹊径，在创新中寻找适应中国经济体制的实践道路。中国改革的国别特色和"本土化"制度创新模式在转轨经济中独树一帜，在国际上被冠以"中国模式"①。而中国模式的持续探索并不是单一的，而是一个相互联系、相互交织、相互作用、层层深入的多重转型：首先是经济体制转型，其次是社会转型，第三是政治体制转型，第四是对外开放转型。这一系列的多重转型过程中，政府职能转变发挥着巨大作用。这四十年中，中国以渐进的方式完成了改革开放，是尝试也是探索。这种改革创新的精神推动政府与市场、政府与社会之间更趋于合理、趋于合作、趋于共治，构成了中国特色的社会转型发展模式。从全局来看，中国已经基本实现产品价格市场化，在经济发展过程中，能够坚持按照市场运行规律调节价格，并且要素价格的发展趋势是逐渐实现市场化。如今中国劳动力市场的价格早已实现了市场化。一方面，企业给出的工资若不能够达到预期目标的最低标准，很多 80 后、90 后宁肯待业也不愿意接受薪酬低廉的工作。而另一方面，市场化的劳动力价格上升后，很难降下来。经过改革，人民币利率也在近几年基本实现了市场化，人民币汇率市场化改革也加快了实现步伐。我们从已有的社会主义国家经济发展史来看，能够实现社会主义公有制同商品经济成功兼容，是中国改革实践的创举。中国社会主义改革理论的研究和宣传滞后于中国改革实践的需要②。因此，总结改革开放进程中的得失经验，加快深化改革步伐，促进创新驱动下的供给侧结构性改革，是我们当前和未来需要面对的重要任务。

2.1.2 中国由计划经济向市场经济转轨过程

中国的计划经济体制向市场经济体制的演进是一个循序渐进的过程，正确处理计划和市场的关系，是改革开放四十年不断尝试的实践内容。以十一届三中全会为起点，我国渐进可控的改革开放道路，使经济体制逐渐从计划经济转向市场经济。市场是一个集体学习的机制，为所有参与的角色提供了通过试错不断学习、不断挖掘现有机会并开创新机会的平台，市场经济并不是一个终止的状态，而是开放式的自我转型的演变过程。

中国在改革最初阶段，并没有一个完整明确的改革时间计划表。改革领导

① 中国社会科学院经济体制改革 30 年研究课题组：《论中国特色经济体制改革道路（上）》，《经济研究》，2008 年第 9 期，第 4—15 页。
② 汪海波：《改革的成就、经验和意义——庆祝中国经济体制改革 40 周年》，《经济与管理研究》，2018 年第 2 期，第 3—18 页。

者提出"摸着石头过河"的理念，在实践中探索尝试。改革开放的提出，是一种思想创新和理念突破，是一个转向，着力构建一个不断创新的宏观思想大方向，着力实现经济增长，推动经济社会发展。要在实践过程中确立社会主义经济体制改革的目标，最为核心问题是，我们在改革过程中如何处理计划与市场的关系。改革开放四十年来，尽管在计划与市场关系的认识上经历了曲折迂回的过程，但总的来说，是以"市场取向"为特征的。围绕改革的目标模式，先后曾提出过五种改革构想：一是在 1982 年提出的计划经济为主，市场调节为辅；二是 1984 年提出的有计划的商品经济；三是 1987 年提出的计划与市场内在统一的体制，国家调节市场，市场引导企业；四是在 1989 年提出的计划经济与市场调节相结合；五是在 1992 年，我们党的十四大最后确定的"社会主义"市场经济体制①。这五种改革的构想，是不断在实践中向前发展的。既没有学习苏联模式，一步到位，走资本主义道路，也没有学习其他社会主义国家，封闭固守，坚持走传统的社会主义道路。值得深思的是，越南在中国改革开放模式的带领下，也在国内实行改革开放；2018 年，在中国改革开放四十年来临之际，朝鲜宣布实施改革开放，集中力量发展本国经济，提升人民生活水平。中国改革开放的模式和经验，逐渐被世界所接受，甚至一些资本主义国家的管理者和学者，也开始研究学习借鉴"中国经验"。

1979 年底邓小平指出："我们是计划经济为主，也结合市场经济，但这是社会主义的市场经济。"② 社会主义市场经济被提出，其原则在党的十二大报告中被概括为"计划经济为主，市场调节为辅"。由中央统一计划控制，逐渐开始允许对部分产品的生产流通不做计划，而是通过市场来调节。这对于高度集中的传统计划经济体制而言，无疑是一次重大突破。1984 年 10 月召开的十二届三中全会明确了社会主义经济的定义，并与资本主义经济进行区分。会议明确了社会主义市场经济"是在公有制基础上的有计划的商品经济"。经过三年实践，中国在 1987 年 10 月党的十三大上又进一步明确"社会主义有计划商品经济的体制应该是计划与市场内在统一的体制"。1992 年 10 月，中共十四大根据邓小平同志在南方谈话中倡导的精神，提出我国的经济体制改革目标是建立社会主义市场经济体制，开始按照经济运行规律，使市场在国家宏观调控下，对资源配置起基础性作用。2003 年 10 月，党的十六届三中全会通过了

---

① 中国社会科学院经济体制改革 30 年研究课题组：《论中国特色经济体制改革道路（上）》，《经济研究》，2008 年第 9 期，第 4—15 页。

② 高尚全，陆琪：《邓小平与社会主义市场经济》，《人民日报》，2014 年 11 月 30 日 05 版。

《中共中央关于完善社会主义市场经济体制若干问题的决定》，提出在社会主义市场经济建设过程中，发现问题，解决问题，及时调整，这一决定标志着我国社会主义市场经济体制初步建立①。

计划经济是以国家指令性计划来配置资源的经济形式，如果没有全知全能的政府，那么在整个计划系统中，配置效率和质量难以保证始终如一。完全的计划经济被当作社会主义制度的本质特征，是传统社会主义经济理论的一个基本原理。这种观点的逻辑推理是：社会化大生产把国民经济各部门连接为一个有机的整体，因而客观上要求它们之间保持一定的比例关系。市场经济是承认并维护私人拥有生产资料和鼓励自由竞争、通过市场交换中的价格调节供求和资源分配的经济运行体制。这是两种根本对立的经济体制。

将完全的计划经济与市场经济进行对比，两者的经济运行的机制不同，调节经济的手段不同，调节经济的方式不同，所有制结构不同，利益分配不同。完全的计划经济是无所不包的国家计划，完全的市场经济是市场机制发挥全部作用，政府担当守夜人角色，即通过价格、供求、竞争、利率等进行经济运行。计划经济和市场经济，就像两个遥远的相对的极点。走计划经济的国家，改革实践经济体制，从计划经济这端向市场经济移动调试，不断完善市场经济制度，发挥市场在资源配置中的决定性作用；走市场经济的国家，从市场经济这端向计划经济移动，在自由竞争的经济运行过程中，加强政府职能，降低市场无序竞争带来的周期性经济危机风险。两个移动的点在计划和市场这两个端点之间的连接线上发生位移，直到到达最适合本国国情和经济发展需要的那个平衡点。以上两种变化和改革都是依据经济运行规律不断调节并殊途同归的过程，关键的问题是，调试的经验总结和方法取舍，以及如何结合本国国情和实际怎样改革，才能真正推动经济社会发展，将改革落实得更有效率和质量。

2.1.3　正确认识计划经济与市场经济的关系

正确认识并处理好计划与市场的关系是我国经济体制改革的核心问题。改革开放以来，对计划与市场关系的认识经历了一个逐步深化的漫长过程。在改革之初，认识到实践是检验真理的唯一标准，开始反思计划经济体制的弊端。根据经济发展存在的问题和症结，提出经济发展要按经济规律办事，重视实践和经济科学规律研究，发展社会主义市场经济要重视价值规律的作用。我们党

---

① 贾国雄：《论改革开放前后两个三十年中国经济发展的内在联系》，《西南民族大学学报（人文社科版）》，2014 年第 8 期，第 206－210 页。

随后在十二大上提出了"以计划为主、市场为辅"。这是对完全的计划经济体制的改革突破。随后在十二届三中全会上提出："社会主义经济是在公有制基础上的有计划的商品经济。"然后在十三大上进一步提出了建立"计划与市场内在统一的体制"，到十三届四中全会后提出了"计划经济与市场调节相结合"。1992 年春邓小平在南方谈话中精辟阐述社会主义发展的改革方向，坚定改革目标。到十四大提出建立社会主义市场经济体制，"使市场在社会主义国家宏观调控下对资源配置起基础性作用"，之后又经过党的十五大、十六大、十七大和十八大等几次重要会议的研究探讨积累，到十八届三中全会再次实现突破，提出"市场在资源配置中起决定性作用和更好发挥政府作用"[①]。通过回顾改革开放四十年的发展历程，深刻总结改革开放的经验和规律，并对经验进行概括、归纳和总结，指导后续经济社会的发展，将成为国家和民族的宝贵财富，也是人类社会宝贵的财富积累。

陈云把"计划与市场"的关系比喻为"鸟"与"笼子"的关系。中共十二大确认要贯彻"计划经济为主、市场调节为辅"原则，随后政府又把"国家在社会主义公有制基础上实行计划经济"作为指导方针。中国特色社会主义市场经济改革，在符合经济运行规律的轨道上，逐渐推进。既不是放任自流，也不是曾经的严格管控，而是通过科学的宏观调控管理，循序渐进地实现国家经济增长变革。半个世纪以来，通过美国新制度经济学家罗纳德·哈里·科斯的制度经济学理论，中国学者不断认识到，过去影响中国经济发展最为核心的制度障碍就是产权，因此中国四十年市场化改革的核心就是逐渐加大产权保护。在经济发展中，改革财税体制，放权让利，不断完善分税制，确立公共财政框架。促进金融开放，我国从 1978 年改革开放起，便开始了金融对外开放的历程，至今为止已有近四十年的时间。在这四十年里，金融开放取得令人瞩目的成就，金融体制改革促进外汇管理体制改革，银行监督体制改革推动银行业发展，金融市场发展推动证券、保险行业发展。2018 年上半年央行落实 11 项金融对外开放政策，受到外资青睐，促进外商投资。我国改革劳动制度，为市场经济提供制度保障，改变计划经济时期的就业体制，坚定不移地走市场化就业体制道路，建立与社会主义市场经济相适应的社会保障体制。这些改革逐步促进了社会主义市场经济初步确立。

---

① 高长武：《改革开放以来党对政府与市场关系的认识历程及启示》，《理论学刊》，2014 年第 9 期，第 13—19 页。

2.1.4　中国市场经济改革的基本经验

从 1978 年到 2018 年，中国四十年经济体制改革是不断创新的过程，将不适应生产力发展和现实社会进步的部分剔除，在实践过程中逐渐探索更适应经济社会发展的创新模式。改革开放以来，我国中央与地方关系的最大变化，表现为中央与地方经济关系的变化。经济体制改革每向前跨进一步，都使中央与地方关系呈现出新的发展态势。我国中央与地方政治关系的改革，一般都是经济关系变化的延伸和发展，是经济体制改革在上层建筑领域的表现。而"均衡、和谐地协调中央与地方的关系，不管是对经济体制改革还是对政治体制改革，都是一件十分重要也十分棘手的事情。对于我国的经济体制改革而言，能否正确处理好中央与地方的关系，直接影响到我国的市场经济发展是统一的健全的市场经济还是互相封锁的市场经济。对于我国政治体制改革而言，能否在改革过程中处理好中央与地方的关系，直接影响到地方和基层组织积极性是否能得到充分发挥，甚至影响到国家的统一和社会长治久安目标的实现"[①]。

四十年中国经济体制改革的基本经验总结就是：始终坚持解放思想，不断创新改革理论；坚持发展标准，紧紧扣住经济建设这个中心；坚持合理引导，正确处理宏观调控与市场调节关系；坚持依靠群众，充分尊重人民群众的首创精神；坚持循序渐进，在重点突破中实现整体推进；坚持因时制宜，把握与创造良好的经济社会环境；坚持继承创新，科学对待原有体制基础；坚持兼收并蓄，合理借鉴世界先进文明成果；坚持综合配套，实行各项改革的协调互动；坚持规范操作，推进改革措施的法制化建设[②]。

2.2　对社会主义市场经济的认识和实践不断突破

在改革开放四十年中，中国分阶段进行了渐进式的改革。每一项政策的颁布都是对国家社会问题的解决应对、对过去实践的总结发展，和对经济规律更深刻的认识。每一阶段的改革政策制定都承载过去改革的成果，在先前改革的基础上进行完善和突破。尽管这些政策的制定和颁布的时间先后不同，内容丰富繁多，但都是在坚持社会主义制度下，对国家政策和体制的不断完善。由于

---

① 文红玉，邢德永：《经济体制变迁与改革开放以来的中央与地方关系》，《当代世界与社会主义》，2010 年第 6 期，第 102—106 页。

② 范恒山：《30 年来中国经济体制改革进程、经验和展望》，《改革》，2008 年第 9 期，第 5—14 页。

社会主义的大方向目标明确，中国的改革并没有开倒车；由于坚持人民当家做主，没有走历史的回头路。当封建社会围绕着"兴，百姓苦；亡，百姓苦"的怪圈跑了千年，当资本主义在经济危机的循环爆发中往复几百年，中国坚持走社会主义道路，在改革中谋求发展，获得了举世瞩目的成就。我们通过以下对改革的大事记的回顾，对中国社会主义市场经济的认识和实践的不断突破会有更深的了解。

2.2.1 改革开放初期的实践突破[①]

（1）1978 年召开党的十一届三中全会

1978 年 12 月 18 日至 22 日，是中国改革开放的开端，党的十一届三中全会在北京举行。这次全会彻底否定了"两个凡是"的方针，在党内外重新确立解放思想、实事求是的指导思想，作出工作重点转移到经济建设上的决策。十一届三中全会作出实行改革开放的新决策，推动中国从封闭的计划经济体制下开始进行对外开放。国内通过大讨论，接受实践是检验真理的唯一标准，抛却固有的狭隘的认识和观念，开始逐渐对内改革，对外开放。因此可以说，十一届三中全会是新中国建立以来具有深远意义的伟大转折。十一届三中全会中对我国经济体制的改革内容可以概括为："必须毫不动摇地巩固和发展公有制经济，毫不动摇地鼓励、支持、引导非公有制经济发展，坚持平等保护物权，形成各种所有制经济平等竞争、相互促进的新格局；不断深化国有企业改革，形成适应我国市场经济要求的现代企业制度和企业经营机制；实现国有经济布局和结构优化，不断增强国有经济的活力，控制力和影响力；长期稳定并不断完善以家庭承包经营为基础、统分结合的农村双层经营机制；建立归属清晰、权责明确、保护严格、流转顺畅的现代产权制度；以现代产权制度为基础，发展混合所有制经济。"这一经济制度的确立，既没有走西方资本主义的老路，又结合中国实际和中国国情特色，开启具有中国特色的经济体制实践，具有划时代的意义。

（2）1979 年国家开始设立经济特区

经济特区是改革开放的窗口，设立经济特区是中国特色社会主义的伟大实践。在 1979 年 7 月 15 日，中央发布报告，决定在深圳、珠海、汕头和厦门试办特区。在 1979 年 8 月 13 日，国务院颁发了《关于大力发展对外贸易增加外

---

① 根据《中国改革开放 30 年最具影响力的 30 件大事》整理，见人民网《中国经济周刊》2008 年 01 月 10 日。根据国家近十年改革相关资料整理。

汇收入若干问题的规定》，规定的主要内容是逐渐扩大地方和企业的外贸权限，鼓励我国增加对外出口，坚持办好出口特区。1979 年 4 月邓小平同志首次提出了在中国开办"出口特区"的构想，"出口特区"致力于扩大对外出口贸易。在 1980 年 3 月，我国的"出口特区"改名为"经济特区"，并在深圳加以实施。按其实质，经济特区也是世界自由港区的主要形式之一，表现在以减免关税等优惠措施为手段，通过创造良好的投资环境，鼓励外商投资，引进先进技术和科学管理方法，以达到促进特区所在国经济技术发展的目的。经济特区实行特殊的经济政策，灵活的经济措施和特殊的经济管理体制，并坚持以外向型经济为发展目标。到了 1980 年 5 月 16 日，中共中央、国务院批转的《广东、福建两省会议纪要》正式将"特区"定名为"经济特区"。我国在改革开放之初，由于长期坚持自力更生，缺少对外经济交往的经验，国内法律体系也不健全，在这一形势下，设立经济特区为国内进一步改革和开放，促进扩大对外经济交流起到了非常重要的作用。

（3）1982 年初步确立农村家庭联产承包责任制

改革开放之前，国内农村实行农业合作社，统一兴修水利，统一安排农业劳作，统一调配管理。改革开放后，逐渐承认当时在农村开始实行的各种承包责任制，其中包括小段包工给予定额计酬，专业承包联产计酬，还有联产到劳，集体土地包产到户、到组，土地包干到户、到组，等等，这些都是属于社会主义集体经济的生产责任制形式。中共中央在 1982 年 1 月 1 日批转了《全国农村工作会议纪要》，到了 1983 年，中央又下发了文件，确认联产承包制是在中国共产党的领导下，我国农民的伟大创造和改革，是马克思主义农业合作化理论在我国实践中的新发展。经过将近十年的实践，在 1991 年中共十三届八中全会通过了《中共中央关于进一步加强农业和农村工作的决定》。该决定提出，要把以家庭联产承包为主的责任制、统分结合的双层经营体制，作为我国乡村集体经济组织的一项基本经济制度长期稳定下来，在今后不断充实完善。而后家庭联产承包责任制作为农村经济体制改革第一步，突破了"一大二公""大锅饭"的旧体制。随着承包制的推行，个人付出与收入成正比，拉动了农民参与农业生产的劲头，使农民的生产的积极性大为增加，充分解放了我国农村生产力。如今，如何对农村进行改革促进农业现代化，如何维护粮食安全促进农民增收，成为我们农业供给侧结构性改革面临的重要议题。

（4）1984 年提出发展有计划的商品经济

商品经济实行等价交换，这是市场经济的基础，市场经济是充分发展的商品经济。我国改革的基本任务就是建立起具有中国特色的社会主义经济体制，不断促进社会生产力的发展。商品经济的充分发展，是社会经济发展不可逾越的阶段，也是实现我国经济现代化的必要条件。为了促进商品经济的发展，1984年党的十二届三中全会一致通过了《中共中央关于经济体制改革的决定》，该决定明确提出了进一步贯彻执行对内搞活经济，对外实行开放的方针政策，加快以城市为重点推进整个经济体制改革的步伐，针对的是当前我国经济形势发展的最迫切需要。在改革开放初期，民间自然兴起的一些小商小贩，是商品经济的最初形态，在温州以及国内山多地少的地区，商品经济反而发展起来。由于在改革开放前，这些经济活动被认为是"资本主义尾巴"，是违法的行为。改革开放后，很多小商小贩依靠商业活动成为万元户。然而经济上的富裕并没有减轻思想上的重负，因为当时中国没有一个明确的规定来说明经商利润收入的限额是多少，超过多少是走资本主义道路，导致违法犯罪，身陷囹圄。该决定就对此做了明确规定：改革计划体制，必须首先要突破把计划经济同商品经济对立起来的传统观念，明确认识社会主义计划经济必须自觉依据和运用价值规律，是在公有制基础上的有计划的商品经济。这项决定明确了我国改革的基本目标和改革进程的各项要求，为打破过去长期存在的单一的计划经济体制，创造了条件。这一决定作为改革开放的重要大事，开启中国第一批创业潮，带动一部分人先富起来，先富带动后富，同时也培育了中国第一批民族企业家。

2.2.2 八十年代中后期改革开放实践的不断推进

（1）1986年启动全民所有制企业改革

国务院在1986年作出了《关于深化企业改革增强企业活力的若干规定》，提出全民所有制小型企业可积极试行租赁、承包经营。全民所有制企业改革，核心就是适应市场经济，依法自主经营，自负盈亏，独立核算。全民所有制改革政策的出台，是为了适应社会化大生产，也是推动城市经济体制改革的重大步骤，对于我国政府进一步简政放权，改善企业经营的外部条件，扩大企业经营自主权，促进中国企业内部机制改革，都具有非常重要的意义。改革从深层次解决了我国作为经济主体的国企发展过程中缺乏积极性，生产经营整体经济效率不高的问题。这项改革要求全民所有制大中型企业要实行多种形式的经营责任制改革，其他各地可以选择少数有条件的全民所有制大中型企业进行股份制试点改革。

（2）1988年提出"科学技术是第一生产力"

科学是现代化发展的必由之路。科学精神的培养对于科学技术的发展具有决定性作用。1988 年邓小平在会见捷克斯洛伐克总统胡萨克时，提出了"科学技术是第一生产力"的著名论断。邓小平"科学技术是第一生产力"观点的提出，奠定了中国改革开放的大方向。中共中央在 1985 年 3 月 13 日颁布了《关于科学技术体制改革的决定》。该决定也同时规定了我国在当前科学技术体制改革中的主要任务。因为科技对生产力发展具有先导作用，改革政策从宏观上制定了科学技术必须为振兴经济服务、促进科技成果的商品化、开拓技术市场等方针和政策。这一改革促进了科技成果向现实生产力的转化以及高新技术产业化的发展，揭开了中国全面实施科技体制改革的序幕。科技是生产发展和经济增长的第一要素，科技改革作为经济体制改革的一个重要部分和最先实施的内容，其实施极大促进了我国经济和科技相结合以及推动了中国经济高质量发展和系统性进步。科技与创新是促进中国发展的不竭动力，是改革开放的主线，科技促进生产力发展，思想创新、制度创新、文化创新，促进中国精神文明建设和物质文明建设同步。结合当下的改革，我们也深刻意识到，供给侧结构性改革正是在创新驱动下进行的全面深化创新革新实践。

2.2.3　九十年代中国市场化改革实践

（1）1992 年确立社会主义市场经济体制改革目标

中国共产党第十四次全国代表大会于 1992 年 10 月 12 日至 18 日在北京举行。江泽民在会上做了《加快改革开放和现代化建设步伐，夺取有中国特色社会主义事业的更大胜利》的报告。这次大会通过《中国共产党章程（修正案）》，并将建设有中国特色的社会主义的理论和党的基本路线写进党章。党的历史上第一次明确提出了建立社会主义市场经济体制的目标模式。党的十四大报告大会上提出用邓小平同志的建设有中国特色社会主义理论武装全党并总结了从十一届三中全会以来十四年的改革实践经验。总结改革开放的经验教训，研究当前国内外实际，抓住机遇，加快发展。党的十四大确定了我国今后经济体制改革的目标是建立社会主义市场经济体制，把社会主义基本制度和市场经济结合起来，建立社会主义市场经济体制，这是我们党的一个伟大创举，是十多年来党通过改革实践、进行理论探索得出的最重要的结论之一，也是社会主义认识史上一次历史性的飞跃。

（2）1993 年建立健全现代企业制度

国企改革是改革开放过程中的重要大事，而 1993 年建立健全现代企业制度，为国企改革开启了现代化之门。1993 年的中共十四届三中全会通过了《中共中央关于建立社会主义市场经济体制若干问题的决定》。中国社会主义市场经济发展，需要实现国企改革创新。当时的现实情况是，国企负担重，产权不清，权责不明，效率低下。十四届三中全会明确指出，中国的社会主义市场经济体制与社会主义基本制度是结合在一起的。我国在社会主义制度下建立社会主义市场经济体制，要使市场在国家宏观调控下对资源配置起基础性作用，而国企现有的经营方式和管理方式，造成资源配置不合理，生产效率低下。会议上提出建立健全现代企业制度，加快我国国企改革，拉开了国企改革的序幕。我国进一步转换国有企业经营机制，促进国有企业经营管理适应市场经济发展要求，逐渐建立产权清晰、权责明确、政企分开、管理科学的现代企业制度。

（3）1993 年进行分税制改革

20 世纪 90 年代初，中国中央财政收入迅速下降，形成了"弱中央"的局面。经研究，国务院于 1993 年作出了关于实行分税制财政管理体制改革的决定。在这一分税制政策下，国家于 1994 年进行分税制财政体制改革，搭建了一个在市场经济条件下，中央与地方财政分配关系的基本制度框架。分税制改革最初也遇到了来自各方的重重阻力，但也令各方认识到需要在全国统筹发展的规划下，克服困难，将分税制推行下去才能实现真正的国富民强。1995 年为了平衡地区间税收差异，我国又对政府间财政转移支付制度进行了改革，将中央三分之二税收转移支付到地方，逐步建立了较为规范的政府间财政转移支付财税体系。2002 年我国又进行了所得税收入分享改革。从此我国基本上建立起了一个能够适应社会主义市场经济发展要求的财政体制框架。在我国分税制改革后，税收中 75％收归中央财政，25％归地方财政；并将税收收入通过国库转移支付，进行二次分配，平衡地区收入差异，削减贫富差距。分税制改革是新中国成立以来政府间财政关系方面的重要改革，这一系列的财税改革实践，坚持了社会主义发展原则，成为涉及范围最广、调整力度最强、影响最为深远的重大制度改革创新。

（4）1993 年提出金融体制改革目标

为了建立统一开放、有序竞争、严格管理的金融市场体系，国务院在 1993 年 12 月 25 日作出了《关于金融体制改革的决定》。为了更好地发挥金融在国民经济宏观调控和资源的优化配置等方面的作用，该决定明确了我国社会主义金融体制改革的目标是："建立在国务院领导下，独立执行货币政策的中央银行宏观调控体系。建立政策性金融与商业性金融分离，以国有商业银行为主体、多种金融机构并存的金融组织体系。建立统一开放、有序竞争、严格管理的金融市场体系。[1]"我国通过对金融体制改革，确立了中国人民银行作为独立执行货币政策的中央银行的宏观调控体系，转换了人民银行职能；实行了政策性银行与商业银行分离的金融组织体系，解决了国有专业银行身兼二任的问题，把国家专业银行建成了真正的国有银行。国家从1994年开始实行汇率并轨，并于1995年八届全国人大三次会议通过了《中国人民银行法》。从1996年12月1日起，我国进一步完善货币市场，实现了人民币在经常项目下的可兑换。1993年中国金融体制改革，为2018年中国加快金融对外开放提供了经验，奠定了基础。这些政策的逐步推进，避免中国遭受金融风险。中国加快金融开放步伐，不是为了开放而开放，而是为了解决当前中国发展过程中的问题，结合供给侧结构性改革，促进"一带一路"推进，提升中国制造业质量，扶持高科技企业，促进科技金融发展，促进中国经济高质量发展。

(5) 1994年实施外贸体制综合配套改革

国务院于1994年1月11日作出了《关于进一步深化对外贸易体制改革的决定》，决定提出了我国对外贸易体制改革的目标是：统一政策、开放经营、平等竞争、自负盈亏、工贸结合、推行代理制，建立适应国际经济通行规则的运行机制。改革带动了商品市场的发展，也促进了全国对外贸易综合水平的提升。我国1996年4月1日开始对4000多种商品的进口关税进行大幅度削减，关税总水平降至23%。通过降低进出口关税，促进了进出口贸易发展，推动了我国发展高端国际贸易。在外贸综合配套改革方面，通过国家进行税收调节，拉动对外贸易发展，结合当前我国提出的"一带一路"倡议，扩大对外进出口贸易。改革开放以来制定的政策，承前启后，不断完善，深化拓展，推动了我国经贸的发展。

(6) 1995年提出"两个根本性转变"目标

中共十四届五中全会于1995年9月25日到28日举行。全会通过了《中共中央关于制定国民经济和社会发展"九五"计划和2010年远景目标的建议》。该建议提出实现"九五"计划和2010年远景目标的关键是实行两个具有全局意义的根本性转变，一个是"体制转轨"，另一个是"增长转型"。这两个根本性的转变，是我们党在深入探索和全面把握我国经济发展规律的基础上提出的重要方针，两个转变关系国民经济全局紧迫而重大的战略任务，标志着我国经济建设将朝着深化体制改革、提高质量的方向发展。具体来说两个根本性转变就是：第一，我国经济体制从传统的计划经济体制向社会主义市场经济体

---

[1] 国务院：《关于金融体制改革的决定》，《中华人民共和国国务院公报》，1993年31期。

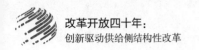

制转变；第二，我国经济增长方式从粗放型向集约型转变。

（7）1996 年外汇管理体制改革

我国从 1993 年就开始着手实行外汇体制改革，为了进一步提高对外开放水平，扩大金融开放，中国在 1996 年 12 月 1 日开始接受国际货币基金组织协定的第八条款，实行人民币经常项目下的可兑换。提前达到国际货币基金组织协定第八条款的要求，标志着中国外汇管理体制改革取得重大进展。从 1996 年开始，我国外汇实施的是盯住美元，盯住汇率，把人民币和美元兑换的汇率控制在一个固定的区间里面，这是美元兑换人民币的基础。外汇管理体制改革，促进了人民币国际流通与人民币的国际化。当前我国加快人民币国际化进程，加大人民币国际投资力度，加强人民币国际结算交易规模，正是这一改革进一步的深化。

（8）1999 年明确非公有制经济是社会主义市场经济的重要组成部分

改革开放以来，国家对非公有制经济的认识及相关政策的制定经历了一个从探索到完善的过程。在我国社会主义市场经济建设过程中，非公有制经济发挥了重要作用。个体、私营等非公有制经济推动了我国生产力发展，是我国社会主义市场经济的重要组成部分。为了推动非公有制经济发展，促进社会主义市场经济进一步完善，国家出台政策承认非公有制经济是社会主义市场经济的重要组成部分。第九届全国人大二次会议在 1999 年确认非公有制经济是我国社会主义市场经济的重要组成部分。经过近二十年的发展，非公有制经济大大促进了社会生产力的发展。非公有制经济提供了多种市场主体，构建了现代企业制度，形成了多元出资者和产权关系。非公有制经济在我国社会主义经济体制下的存在和发展，是我国公有制经济建立现代企业制度的必要条件之一。五届全国人大五次会议在 1982 年通过了经过全面修改的宪法，修改的宪法中确认了个体经济的合法地位，提出个体经济是社会主义公有制经济的有益补充。七届全国人大一次会议上又通过了宪法修正案，增加了国家允许私营经济在法律规定的范围内存在和发展的内容。党的十四大决定实行"社会主义市场经济"后，1993 年八届全国人大一次会议通过宪法修正案，明确了非公有制经济的地位和作用。1997 年党的十五大将非公有制经济纳入社会主义初级阶段的基本经济制度框架内，非公有制经济在国民经济中的地位得到了前所未有的重视和肯定。1999 年九届全国人大二次会议，进一步明确了非公有制经济在社会主义市场经济发展中的重要地位。

（9）1999 年实施西部大开发战略

改革开放之初的设想是推动东部地区优先发展，然后东部带动西部发展，而到了世纪之交，西部地区的经济社会发展问题也提上了日程。1999 年 3 月 22 日，《国务院关于进一步推进西部大开发的若干意见》提出了进一步推进西部大开发的十条意见。西部地区的开发虽然姗姗来迟，但是对于实现共同富裕和全面小康具有不可或缺的作用。中国的国土面积广阔，地区发展不均衡，西部地区由于地理位置和自然环境等各种因素，发展落后于东部。西部大开发战略的提出和实施，是结合了邓小平关于中国现代化建设"两个大局"的改革，以此来解决东西部经济发展差异过大的问题。西部大开发有利于培育全国统一市场，增加内需动力，加强基础设施建设，大力保护生态环境，调整西部地区经济结构，发挥西部地区比较优势。西部大开发有利于完善社会主义市场经济体制，有利于推动经济结构的战略性调整，促进东部、中部和西部地区经济协调发展。西部大开发的实施，依托第二亚欧大陆桥、陇海线铁路，畅通东西部经济发展。对于西部的开发建设，有利于扩大国内需求，也有利于开拓中亚和欧洲市场，为国民经济增长提供广阔的发展空间和持久的推动力量。我国的西部大开发，依靠科技进步、人才优惠政策、教育扶贫、经济优惠政策，促进西部地区经济社会发展，为中华民族未来的生存和发展创造了更好的环境和更广阔的空间。西部大开发战略，有利于我国进一步扩大对外开放，尤其是西部边疆地区与中亚、南亚的经济贸易交流合作，促进我国利用好国内外两个市场、两种资源，对于我国实现现代化具有重大的经济、社会和政治意义。

2.2.4　新世纪拥抱全球经济一体化实践

（1）2001 年中国正式成为世贸组织（WTO）成员

加入世贸组织，中国进一步融入世界，这对于中国来说，既是机遇也是挑战，但是机遇大于挑战。经过 15 年的艰苦努力和多轮谈判，2001 年 11 月 10 日在卡塔尔多哈举行的世贸组织第四届部长级会议，通过了中国加入世贸组织法律文件，标志着我国终于成为世贸组织的新成员。加入世贸组织，中国将享受多边贸易体系多年来促进贸易自由化的成果，享受多边的、稳定的、无条件的最惠国待遇。中国在进出口贸易过程中，享受的权利有助于中国商品进入国际市场。加入世贸组织，也给我国政府和企业带来巨大的挑战，要求政府加快转换政府职能，坚持依法行政，我国的企业必须不断提高技术水平，加快结构调整，提高企业管理水平。

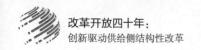

（2）2004 年颁布推进资本市场发展的"国九条"

我国为了促进金融业改革和稳定发展，于 2004 年 1 月 31 日颁布《国务院关于推进资本市场改革开放和稳定发展的若干意见》（简称"国九条"），"国九条"要求重新认识资本市场的重要意义，明确指出大力发展资本市场对我国实现 21 世纪头 20 年国民经济翻两番的战略目标具有重要意义。"国九条"的颁布，对于资本市场改革，推进资本市场发展，加强资本市场的监管，完善资本市场政策制度，发展现代金融业，进一步推动对外开放，都具有重要作用。在深化改革的推动下，十年之后，国家在 2014 年颁布了新"国九条"进一步健全资本市场，优化投资环境，保障中小投资者知情权，以及多元化的纠纷解决机制和投资赔付机制等，极大地促进了我国社会主义市场经济发展。

（3）2004 年国有商业银行进行股份制改革

为了具备国际竞争力，国有商业银行需要进行股份制改革，同时这也是我国建立现代金融体系的迫切要求。温家宝认为，国有商业银行改革，是一场输不起的改革。中国银行和中国建设银行是两家国有独资商业银行，在 2004 年国有商业银行股份制改革中，整体改制为国家控股的股份制商业银行。中国银行股份有限公司和中国建设银行股份有限公司分别于 2004 年 8 月 26 日和 9 月 21 日成立。我国通过国有商业银行改革，建立了现代股份制银行。

（4）2005 年股权分置改革试点启动

我国的股权分置是由诸多的历史原因造成的，是在我国由计划经济体制向市场经济体制转轨的过程中形成的特殊问题。为了贯彻落实我国股权分置改革的政策要求，适应资本市场发展的新形势，经过国务院批准，中国证监会在 2005 年发布了《关于上市公司股权分置改革试点有关问题的通知》，该通知宣布我国启动股权分置改革试点工作。股权分置改革是我国资本市场的重要改革，我国股权分置改革后，国内发行管理制度可以更进一步加强对股票发行的市场价格约束和对投资者的约束。我国股权分置改革启动一年后，国内资本市场在股权分置改革、提高上市公司的质量、证券公司综合治理、发展壮大机构投资者以及健全和完善市场法制等五个方面，取得了重大进展或阶段性成果。我国是全球唯一实行股权分置的国家。随着我国加入了 WTO，再加上我国提出了"一带一路"倡议，股权分置已不能够适应经济国际化和全球化的现状，证券市场与国际接轨是必然的趋势。

（5）2007 年出台《中华人民共和国物权法》（简称《物权法》）

《物权法》于 2007 年 3 月 16 日由十届全国人大第五次会议通过，自 2007 年 10 月 1 日起施行。我国的《物权法》内容丰富，分 5 编 19 章 247 条，因为涉及 13 亿人，涉及庞大的公私财产，在立法的过程中听取多方意见，兼顾协调多方利益，严谨进行科学论证。物权法确立了一物一权原则、物权法定原则、公示公信原则。物权法是我国社会主义法律体系中的一部基本法律，关系着坚持和完善国家基本经济制度、完善社会主义市场经济体制、实现和维护最广大人民的根本利益。我国物权法的制定和实施，对于国家发展和社会进步，都具有重大的现实意义和深远的历史意义。

2.2.5 习近平新时代改革实践突破

（1）2013 年提出"一带一路"倡议

为推动中国参与经济全球化，融入世界经济体系，健全国内外市场，全球互利共赢，产能合作，促进经济社会发展，习近平先后提出建设"新丝绸之路经济带"和"21 世纪海上丝绸之路"的合作倡议。中国于 2015 年发布了《推动共建丝绸之路经济带和 21 世纪海上丝绸之路的愿景与行动》，即是"一带一路"倡议，向世界发出邀请。"一带一路"倡议借用古代丝绸之路的宏大意象，沟通东亚、西亚和欧洲的贸易。在平等互利的前提下，中国高举和平发展的旗帜，积极发展与沿线国家的经济合作伙伴关系。在全球经济一体化进程下，"一带一路"顺应趋势，带动广大发展中国家经济增长和国家发展富强，功在当代，利在千秋。在"一带一路"推进过程中，参与国家共同打造一个政治互信、经济融合、文化包容的利益共同体、命运共同体和责任共同体。同时"一带一路"倡议在推进过程中，加大对发展中国家基础设施投资，扩大对外贸易，深化国内改革，促进经济结构转型升级，提升中国在全球价值链中的地位，重构区域价值链，为中国经济高质量发展提供契机和动力条件。

（2）2014 年养老金并轨

国务院在 2015 年 1 月 14 日正式发布《关于机关事业单位工作人员养老保险制度改革的决定》。自 2014 年 10 月 1 日起对机关事业单位工作人员养老保险制度进行改革，机关、事业单位建立与企业相同基本养老保险制度，实行单位和个人缴费，改革退休费计发办法。政策改革在全国范围内同步实施，明确不进行试点，一步到位实施养老金并轨。

（3）2015 年发布存款保险制度

为加快推进市场化改革速度，酝酿二十年之后，国务院于 2015 年 2 月 17 日发布了《存款保险条例》。作为金融改革，存款保险制度是在市场经济条件下，保护存款人利益的重要措施，是国家金融安全网的重要组成部分。从 2015 年 5 月 1 日起，存款保险制度正式在中国实施，各家银行向保险机构统

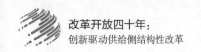
一缴纳保险费，一旦银行出现危机，保险机构将对存款人提供最高 50 万元的赔付额。

(4) 2015 年实施供给侧结构性改革

中国经济发展进入新常态之后，实施供给侧结构性改革是宏观经济改革，调整经济结构，实现要素配置最优，促进经济高质量发展的必然选择。供给侧结构性改革对于中国推进"一带一路"国际合作，跨越"中等收入陷阱"，促进国内产业结构调整，实现高质量发展，都将发挥重要的作用。我国于 2015 年着手研究经济结构性改革和城市工作，2016 年研究供给侧结构性改革方案。2017 年 10 月 18 日，习近平同志在十九大报告中指出，要深化供给侧结构改革。供给侧结构性改革实施以来，将大量僵尸企业、高污染高能耗企业关停，努力做好"三去一补"。通过供给侧结构性改革来建设中国现代化经济体系，必须把发展经济的着力点放在实体经济上，把提高供给体系质量作为主攻方向，从而显著增强我国经济质量优势。供给侧结构性改革是用改革的办法推进结构调整，减少无效和低端供给，扩大有效和中高端供给，增强供给结构对需求变化的适应性和灵活性，提高全要素生产率，使供给体系更好适应需求结构变化。

(5) 2016 年营业税改增值税

财政部、国家税务总局在 2016 年向社会公布了《营业税改征增值税试点实施办法》。经国务院批准，自 2016 年 5 月 1 日起，在全国范围内全面开展"营改增"试点，建筑业、房地产业、金融业、生活服务业等全部营业税纳税人，纳入试点范围，由缴纳营业税改为缴纳增值税。国务院常务会议在 2017 年 10 月 30 日通过《国务院关于废止〈中华人民共和国营业税暂行条例〉和修改〈中华人民共和国增值税暂行条例〉的决定（草案）》，标志着实施 60 多年的营业税正式退出历史舞台。

(6) 2018 年银监会保监会合并

2018 年 3 月 13 日，国务院机构改革方案提请第十三届全国人大一次会议审议，根据方案，拟将银监会、保监会的职责整合，组建中国银行保险监督管理委员会；全国社会保障基金理事会，由国务院管理调整为由财政部管理。银监会和保监会合并，强化综合监管，整合监管资源，提高监管效率，强化按经营业务性质来划分监管对象的功能监管，扩大监管范围。银监会和保监会的合并也成为我国监管体系改革的大趋势。

2.3 对中国特色社会主义市场经济制度自信

2.3.1 中国特色社会主义市场经济的成就

马克思主义哲学理论是中国特色社会主义市场经济制度建立的理论依据，同时也对社会主义国家发展起到指引作用。在这一理论的指导下，中国选择了社会主义，发展中国特色社会主义市场经济。中国改革开放四十年建设的历程，也是中国特色社会主义市场经济实践发展的四十年。经过四十年的改革积累，中国特色社会主义市场经济逐渐完善。回顾发展历程，我国的改革开放，通过渐进式加强市场在资源配置中的作用，促进经济发展更符合经济运行规律。中国经济社会改革发展取得的重要成就，不仅提高了中国人民生活水平，还让中国成为带动世界经济发展重要动力。从封闭落后、难以满足温饱的现实困境，到开始思考如何让人民群众获得更高质量的生活水平，提升更高层次的精神文化生活水准，这些变化和积累，已经成为改革开放四十年中国特色社会主义市场经济建设的重要实践经验和成就的体现。坚持马克思主义，坚持共产主义信仰，中国特色社会主义市场经济不仅追求个体的富裕，而且追求共同富裕，通过国家的宏观调控和二次分配，调节贫富差距，促进全社会共同发展，促进人的共同进步成长，实现全面小康社会。

国家逐渐走向繁荣富强，扩大对外经济贸易活动范围，积极参与国际经济活动，人民生活水平大幅度提升，民生获得不断改善。中国特色社会主义市场经济最大的成就并不是单纯发展经济，而是在发展经济的过程中，兼顾社会多元利益。中国特色社会主义市场经济的发展成就并不是由最富裕、最优越、最幸福的群体决定，而是由社会底层民众的基本生活质量来衡量。国家着力开展精准扶贫工作，对于贫困人口发放低保，解决改善收入问题，帮助贫困人口脱贫致富；逐渐加大基础教育投资，国民受教育水平大幅度提升，九年义务教务在全国范围内普及。以新疆为例，在新疆偏远地区普遍实施 15 年免费义务教育，这一政策的实施，旨在大力提升边疆偏远地区青少年受教育水平，提高居民文化素质和工作技能。中国特色社会主义市场经济的发展，由于起点不同，不能横向与资本主义发达国家相比，但是以时间为轴线，中国在改革开放的四十年发展过程中，不断超越自己，综合国力越来越好，人民群众对于社会主义制度的自信，对于社会主义国家的自信，日益笃定，历久弥坚。未来中国市场经济发展，始终是结合中国基本国情，集中力量办大事。

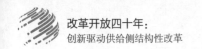
2.3.2　制度自信与核心价值体系的关系

我国的社会制度体系是我国价值观体系的重要载体，价值观体系也在影响着社会制度体系的发展。中国特色社会主义制度与社会主义核心价值观构成相辅相成的综合体，成为坚定走中国特色社会主义道路的重要保障。制度自信是坚持中国特色社会主义制度的理论基础，社会主义制度在最初阶段并不成熟，经过了一系列不断完善的过程才有了现在的成果。现阶段，中国在遵循社会主义制度的基础上创新，让社会主义不断发展进步，并形成自己独特的社会主义发展体系，但无论中国特色社会主义制度如何发展，都是以马克思主义重要理论作为实践方针。马克思主义最深刻的内涵即是对社会主义发展方向进行解释，在实践中对社会主义发展路径进行分析，结合本国国情，维护广大人民的利益，坚持共产主义，形成一套更有实践价值的社会主义发展理论体系，在这一观点中，中国特色社会主义的发展不是一成不变的，也不是故步自封、裹足不前的理论体系，需要坚持发展的观点，需要在实践中不断发展改革完善。中国特色社会主义制度不断发展完善，中国特色社会主义市场经济改革，推动国家高质量发展，这些实践都成为社会主义未来发展进步的理论探索空间和发展空间。

"为有源头活水来"，只有坚持改革创新，坚持核心价值体系，才能让中国未来经济社会发展充满希望，大方向的正确和目标的明确，才能让中国改革发展获得持续动能。改革开放四十年的发展，中国经济社会发展举世瞩目，人民生活水平提高，生活更安全、稳定、幸福、健康、自由……这是社会主义制度自信的基础。我国社会主义核心价值推崇的正能量，激发人民更积极投身于社会主义现代化建设之中。从根本上来说，社会中的每一个个体生存的质量和精神层次的发展，决定了制度自信的根基。中国特色社会主义制度自信来源于坚实的国家政策，可持续的高质量经济发展和人民群众对国家的满意度。这三项内容，相互支撑，相互影响，脱离任何一项都不能实现坚实的自信之源。政策改革保障经济高质量发展，经济高质量发展决定人民群众幸福生活，综合国力的强大为世界呈现大国担当。

中国特色社会主义制度自信，是党中央在科学判断国际国内形势的基础上对社会主义制度特色和优势的充分认识，是对我国基本国情和未来道路的科学把握。中国特色社会主义的核心价值体系和内核，是社会主义核心价值观，是对于国家社会和人民来说，从根本上来定义什么是最有价值。我们社会主义核心价值观倡导富强、民主、文明、和谐，倡导自由、平等、公正、法治，倡导爱国、敬业、诚信、友善，就是旨在全社会范围内，积极培育践行社会主义核心价值观。社会主义核心价值观以马克思主义思想为指导，是社会主义意识形态的综合体现。中国特色社会主义核心价值观是行动向导，也是精神支柱，能够丰富人们的精神境界，提升个体思想道德修养。中国特色社会主义制度重视人民权利，人民的权利才是社会主义核心的体现。这些对于中国特色社会主义制度自信建设，都是起到了基础性和决定性作用。党的十七大提出的"社会主义核心价值体系是坚持社会主义制度的思想基础"。党的十八大提出24 字社会主义核心价值观，其深刻内涵体现了中国社会主义核心价值体系的根本性质和基本特征，反映了我国社会主义核心价值体系的丰富内涵和实践要求，也表明了社会主义核心价值观是社会主义核心价值体系的高度凝练和集中表达。

2.3.3 中国特色社会主义的四个自信

中华人民共和国成立近七十年来，改革开放四十年来，我们对于中国特色社会主义的"四个自信"，即道路自信、理论自信、制度自信、文化自信，是始终坚持共产主义信仰的题中之义。坚持社会主义道路，坚持社会主义理论，坚持社会主义制度，坚持社会主义文化，这四个部分，共成体系，不可缺失。不断完善的理论引导实践发展，在实践中解决问题，增强理论建设。在经济社会发展过程中，坚持中国特色社会主义道路自信，是全面深化改革走社会主义道路的重要前提。习近平指出："坚持和完善公有制为主体、多种所有制经济共同发展的基本经济制度，是关系巩固和发展中国特色社会主义制度的重要支柱。"这是国家领导人明确领导方针，坚持中国特色社会主义制度的集中体现。党的十八届三中全会上强调："必须毫不动摇巩固和发展公有制经济，坚持公有制主体地位，发挥国有经济主导作用，不断增强国有经济活力、控制力、影响力。"这是坚持制度自信的信心来源。坚持制度自信，对于我国深化改革时期的经济发展来说，是要认识到明确公有制的地位和作用的重要意义。坚持文化自信，体现在发扬中华文化，设立孔子学院，将中华文明通过孔子学院和"一带一路"倡议传播到世界各地，让世界了解中国，让中国走向世界。

我们在拥抱全球经济一体化过程中，提出"一带一路"倡议，积极建设"中巴经济走廊"，充分借助制度优势，分析国内外经济形势，参与国际经济竞争与合作。"知己知彼"，有效应对信息化和多极化时代的复杂的挑战，不断促进劳动、知识、技术、管理和资本的活力竞相迸发，创造了"中国效率"和"中国奇迹"。改革开放的实践发展永无止境，中国特色社会主义理论创新永无止境，中国特色社会主义道路拓展永无止境，社会主义制度完善也永无止境。当前，面对经济结构转型升级，国家经济高质量发展的要求，我们所面临的改革发展稳定任务前所未有，必须坚持深化改革，才能将问题迎刃而解。中华人民共和国成立以来艰辛曲折的探索，我们通过四十年改革开放发展，中国特色社会主义事业各方面取得的辉煌成就为中国在 21 世纪的发展奠定了坚实的实践基础。巨大的发展潜力和发展动力相结合，在坚持供给侧结构性改革下，追求高质量发展。中国改革是社会主义制度的自我完善，中国的对外开放是对社会主义市场经济规律的发展[①]。

2.4 宏观计划体系的演进

2.4.1 中国的宏观计划体系概述

我国经济发展进入新常态之后，仅仅在需求侧拉动经济增长是不够的，还需要在供给侧一端推动经济增长，通过高质量的供给，扩大需求规模。在我国原有的计划经济体制中，经济调节偏向供给侧，主要手段是下达指令计划，为需求而生产，结果是供不应求，产生短缺经济。现在转向市场经济，经济调节偏向需求侧，以投资、消费、出口"三驾马车"拉动经济增长，尤其突出消费作为最终需求、拉动国民经济增长的作用。这就需要国家在宏观计划体系中进行调节。宏观计划通过对上一年经济进行分析，对下一年经济进行预测，制定经济宏观调控计划。宏观计划是国家在经济运行中，为了促进市场发育、规范市场运行，实行的对社会经济总体的调节与控制。我国制定的宏观规划是政府对国民经济实施的总体管理，是中央政府利用的经济职能，运用调节手段和调节机制，实现资源的优化配置，为微观经济运行提供良性的宏观环境，使市场经济得到正常运行和均衡发展的过程。

中国改革开放后，政府的宏观调控主要表现为：国家利用经济政策、经济法规、信息导向、规划引导和必要的行政干预，对我国市场经济的有效运作发挥调控作用。宏观调控的过程是国家依据市场经济的一系列规律，实现宏观（总量）平衡，保持经济持续、稳定、协调增长，而对货币收支总量、财政收支总量、外汇收支总量和主要物资供求的调节与控制。在宏观调控过程中，根

---

① 汪海波：《改革的成就、经验和意义——庆祝中国经济体制改革 40 周年》，《经济与管理研究》，2018 年第 2 期，第 3—18 页。

据经济发展现状，制定宏观调控政策，刺激经济增长，利用货币政策，扩大内需。随着经济发展，产能过剩，内需不足，宏观调控政策转向调控供给侧。未来中国需要通过供给侧结构性改革，转变经济增长方式，提高供给侧的产品质量，加强科技研发投入，加大创新支撑，在宏观计划体系实施全面供给侧结构性改革。

（1）年度宏观调控目标

年度宏观调控目标是中央站在全局高度为我国接下来一年的发展方向制定的详细规划，通常在上一年年末的主要工作经济会议上讨论发布，包括主要战略目标、重点调控领域、主导宏观调控方式等。其中，国内生产总值等经济增长指标是最常用的指标。它反映了政府对未来的预期，对企业和个人来年的经营目标制定有引领作用，有助于稳定社会的增长预期和政策预期。在我国经济进入新阶段的当下，为了和经济体制和结构的变化相适应，宏观调控指标有"刚性"弱化、"弹性"增加的趋势。

（2）五年计划编制和作用

五年计划，全称为中华人民共和国国民经济和社会发展五年计划纲要。五年计划主要是对国家重大建设项目、生产力分布和国民经济重要比例关系等作出规划，为国民经济发展远景规定目标和方向。"五年计划"这一概念最早出现在苏联，1929 年 4 月的联共第十六次代表大会制定并通过了苏联 1928—1932 年国民经济计划，这也是世界上第一个五年计划。我国对此的实践始于1953 年，如今我们正处于第十三个五年计划（2016—2020 年）中。五年计划作为国家指导经济工作的纲领性文件与系统政策，反映了中华人民共和国成立以来经济发展的脉络，涵盖我国改革开放和社会主义现代化建设的实践经验，是探索中国经济发展规律的重要工具，有助于总结历史经验教训，从而指导未来经济发展。

（3）长期发展目标的战略

长期发展目标是中央领导未来中国发展和现代化的战略指向，是中国国民经济计划的重要组成部分。中国共产党自诞生起，就把实现共产主义作为党的最高理想和最终目标。今天，中国特色社会主义进入了新时代，我国日益走近世界舞台的中央，中华民族正以崭新姿态屹立于世界东方。十九大报告提出，到本世纪中叶，把我国建成富强民主文明和谐美丽的社会主义现代化强国。这是我国一个相当长的时间内的阶段性目标。

（4）重要发展任务和专项规划

重要发展任务和专项规划是总体规划在特定领域的展开和细化，针对国民

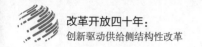
经济和社会发展的重点领域、薄弱环节和关系全局的重大问题等。它严格贯彻总体规划的总体要求，和总体规划互相衔接、相辅相成，对总体规划起补充和完善作用，是政府指导该领域发展、审批和核准重大项目、安排政府投资和财政支出预算以及制定特定领域相关政策的依据。

（5）各类发展规划的协调

国家的年度计划、五年计划、长期发展目标，以及中央与地方重要发展任务和专项计划，必须协调一致，并能够实时同步。如果计划在实施过程中不能及时保持协调一致，最后会导致最终发展结果偏离计划。需要用整体和部分的哲学理念，将长期计划和短期计划进行协调，将中央计划与地方政府专项计划进行结合，政策与实施步伐一致，有效推行宏观调控。例如国家当前实施的供给侧结构性改革，通过宏观调控政策，制定发展规划协调，在地方上严格推行实施调控计划，去产能、去杠杆、去库存、补短板，才能够最终收到实效，将改革和发展落到实处。

2.4.2 宏观调控体系的不断完善

（1）在经济波动中完善宏观调控政策

随着改革开放的进展，由于生产力水平和国内外经济形势，经济增长率忽高忽低，形成经济增长的常态。经济波动不可预测，短期的经济波动是一个经济周期，在经济波动的同时，大多数的宏观经济变量同时发生变动。与此同时，外部表现为产量降低，失业增加。经济波动的原因主要有经济体制变动、投资率的变动、消费需求的波动、技术进步的状况、经济前景预期的变化以及国际经济因素的冲击。

（2）正确处理稳增长与调结构的关系

在改革开放过程中，调结构与稳增长一起，成为我国宏观政策的主要目标。稳定增长和调整结构看似是矛盾的关系，实则相辅相成。错误地把稳增长与调结构对立起来，是因为错误理解了调结构的内涵，只看到了调结构的表象。过去几年我国宏观经济状况已经清晰地表明，经济下行并不会倒逼真正意义上的结构改善，而只会引发各方面的风险。真正的调结构需要稳增长在空间和时间上来创造条件，真正意义的调结构是重塑经济内部资源分配的方式，将更多资源导向之前较为薄弱的环节，从而实现由弱变强的结构改善。只有调整好了产业结构和经济结构，才能够促进经济高质量发展。调结构是一个长期的系统工程，其红利只能逐步释放，因而难以立竿见影地改善当前的宏观格局。我国经济存在结构性问题，我国传统的增长模式依靠投资拉动、出口引导，其中内需不足问题尤为突出，而内需不足来自跟不上消费者的需求。为实现我国经济长期稳定增长，中国经济结构需要优化调整。如今通过供给侧结构性改革，调整经济结构，短期内会造成经济发展速度下降，面临经济困难。但是从长期来看，如果不调整经济结构，将面临更大的困境，例如"中等收入陷阱"，经济发展质量低下。产业结构升级、技术进步也需要以稳定的宏观经济为基础。从时间上来看，调结构就算在朝正确方向推进，也绝不可能一蹴而就。我国在相当长的时间内，都需要稳增长政策营造一个平稳的宏观环境，为调结构的推进争取时间。当我们正确认识调结构的内涵之后，发现稳增长与调结构并不矛盾。恰恰相反，稳增长是调结构的必要条件。这并不是说稳增长之后经济结构会自然优化——结构优化有赖于结构性的改革政策。

（3）宏观调控适时适度激发经济活力

四十年的改革过程中，实施宏观调控需要不断根据国际经济社会发展进行调试，实施有效调节，适时、适度、合理，逐渐实现宏观调控不过度干预的情形，否则会导致宏观经济运行出现大的波动或运行效率降低。一是在改革过程中完善宏观协调机制，创新宏观调控方式和政策工具。宏观调控过程中处理好政府和市场关系这个关键，既立足当前经济形势，又着眼国家长期经济发展，促进宏观调控政策与市场机制有效结合，更好发挥宏观调控的作用。经过不断改革，促进宏观调控今后为供给侧结构性改革、高质量发展营造环境。二是在改革过程中宏观调节要有度，保持我国宏观经济政策的主动性、稳定性和连续性，这也是处理好政府和市场关系的主要支点，协调统筹宏观调控政策或工具的运用，在区间调控基础上实施定向调控和相机调控，进行预调节与微调节。三是科学运用产业政策，优化产业布局，实施竞争导向的产业政策，促进产业结构升级。产业政策要在建设"有效的市场"与"有为的政府"上下功夫，政府要不缺位更不越位，弥补市场失灵。四是深化机构改革，推进"放管服"纵深发展，转变政府职能，为建设现代化经济体系提供体制保障。

（4）促进区域协调发展的体制和政策

完善区域发展总体战略、促进区域协调发展，正是党中央立足中国国情、应对时代发展的战略安排，是心系国运、情牵民生的智慧结晶。中国国土面积大，区域情况之复杂、地区自然禀赋差别之明显，在世界上少有。中国提出促进区域协调发展，解决"不患寡而患不均"问题，是对历史经验的深刻总结。区域协调发展，东西部共同发展，是对基本国情的清醒认识，也是对我国发展阶段性特征的准确把握。"不谋万世者，不足谋一时；不谋全局者，不足谋一域"。推进改革开放，谋求整个经济社会的协调发展，保持社会团结和谐，必须有统一意志、统一行动，必须牢固树立全国一盘棋的思想。我们可以看到，现在中国东、中、西部发展差距仍然过大，我国中西部欠发达地区发展面临诸多困难和挑战，西部地区和边疆地区，在城市化、工业化、基础设施建设、教育投入和卫生事业发展等方面的地区差距也非常明显。区域协调发展不仅是局部问题，也是全局问题。我国国土面积辽阔，地区资源条件差异大，协调区域发展，对我国来说不仅是一个紧迫的经济问题，而且更是一个重大的政治问题。

我国未来的改革开放，将继续加大推进西部大开发，西部对外开放，振兴东北地区等老工业基地，促进中部地区崛起，东部带动西部发展，形成分工合理、特色明显、优势互补的区域产业结构。扩大实施"一带一路"倡议，促进东部、中部、西部经济连通。在开发西部过程中，始终坚持公平与效率、合作与竞争、开放与保护、补偿与约束相结合，推动各地区共同发展。推进长江三角洲地区、"京津冀"城市群、长江上游经济区等地区的区域经济一体化，促进区域经济协调发展，坚持开放思维，深化体制改革，促进区域协调发展，形成东中西相互促进、优势互补的新格局。加大西部基础设施投资建设，扩大西部对外开放水平，促进西部产业结构转型升级。

2.4.3 供给侧改革：精准布局宏观调控

宏观调控对于我国经济改革发展，依然具有统领全局的作用。创新驱动下的供给侧结构性改革，推动精准布局宏观调控。供给侧结构性改革中宏观调控的主要目标，是调控产出的规模、结构、布局和效益，调控投资方式和投资方向，真正实现国家产业结构转型升级。在改革开放持续深化的背景下，我们从经济运行规律上看，供给侧结构性改革能够精准布局宏观调控，需遵循几大原则：第一是需要市场发挥决定性作用原则，发挥市场在资源配置中的决定性作用。当前实施的供给侧结构性改革的关键，是政府实施的宏观调控政策，能够对国内外市场运行产生引导和促进，顺应市场经济运行发展规律。宏观调控时必须根据市场运行的规律和价格机制设计供给侧结构性改革的政策体系。第二是在精准布局宏观调控时稳中求进的原则。在经济新常态下，我国推进全面深化改革，仍需要认真处理好改革、发展、稳定的关系。在改革的进程中要坚持稳中求进，在供给侧结构性改革的转型调控之中，也要坚持稳中求进的基本策略。第三是结构性调控为主的原则。尽管稳中求进是重要的基础要件，但在实际调控中，仍须将当前经济运行中的结构性矛盾作为主要调控对象予以应对。通过解决结构性矛盾，消除系统性风险。第四是要注重政策效益和调控质量的原则。把握政策之间的联动效应，建立政策工具的筛选机制，政策的设计组合机制，政策体系的优化完善机制等，从而提升政策的综合效益，并增强调控的质量构成，既避免政策缺位，又防止政策力度过大，引发不必要的成本和风险。通过以上四个方面，着手构建供给侧结构性改革的宏观调控框架。

我们必须在创新中寻找出路。只有敢于创新、勇于变革，才能突破世界经济增长和发展的瓶颈。①

——习近平

第3章

新型供给侧改革推动经济可持续增长

供给侧结构性改革就是从供给方面出发，优化结构、提高生产率，以满足广大人民群众的需要，促进社会的可持续发展。2015 年习近平总书记在中央财经领导小组会议上提出供给侧结构性改革，这一概念提出后，在全国掀起了深化改革的浪潮，在工业农业、文化教育和卫生健康等各个领域产生了深远的影响。习近平总书记强调："供给侧结构性改革的重点是解放和发展社会生产力，用改革的办法推进结构调整，减少无效和低端供给，扩大有效和中高端供给，增强供给结构对需求变化的适应性和灵活性，提高全要素生产率。"关于这一改革的政策措施，他提出要推动科技创新，发展实体经济，保障和改善人民生活。为切实推进这一改革，他认为要处理好几个关系："做到既强调供给又关注需求，既突出发展社会生产力又注重完善生产关系，既发挥市场在资源配置中的决定性作用又更好发挥政府作用，既着眼当前又立足长远。"② 这些阐述进一步厘清了供给侧结构性改革的内涵、任务和原则。

---

① 习近平在世界经济论坛 2017 年年会上的讲话，见《人民日报》（海外版）2017 年 1 月 18 日第 02 版。

② 习近平在省部级主要领导干部学习贯彻党的十八届五中全会精神专题研讨班上的讲话，见新华社 2016 年 1 月 18 日电。

3.1 推出供给侧改革的要因

改革开放以来，我国国民经济蓬勃发展，国内生产总值呈指数式增长，经济总量连上新台阶，综合国力大幅提升，在经济上取得了举世瞩目的成就，成为世界上经济发展速度最快的国家之一。

如表 3—1 所示，我国 1978 年的 GDP 仅为 3679 亿元，2016 年已经达到 743586 亿元（按当年价格计算），38 年间增长了 202 倍。从新中国成立时的"站起来"到改革开放以来成功实现的"富起来"，再到习近平总书记在十九大报告中新提出的"强起来"，中华民族正在实现伟大复兴的征程上稳步前进。但是，前进的路上总有波折，需要我们不懈奋斗。自 2011 年以来，中国经济就进入了增速减慢的轨道，据国家统计局数据，2011—2017 年 GDP 增速从 9.5％降低至 6.9％，中国结束了过去 30 多年平均 10％左右的高速增长阶段。习近平总书记在 2014 年 12 月的中央经济工作会议上指出："我国经济发展已经进入新常态，正从高速增长转向中高速增长，经济发展方式正从规模速度型粗放增长转向质量效率型集约增长。"[1]"我国经济正在向形态更高级、分工更复杂、结构更合理的阶段演化。"[2]"认识新常态、适应新常态、引领新常态，是当前和今后一个时期我国经济发展的大逻辑。"[3]

表 3—1 1978—2016 年中国国内生产总值

时间	名义 GDP（亿元）	居民消费价格指数（上年=100）	通胀率（％，基期为 1978 年）	实际 GDP（亿元）	增长速度（％）
1978	3678.7	100.7	1.0	3678.7	11.7
1979	4100.5	101.9	1.0	4024.0	7.6
1980	4587.6	107.5	1.1	4188.0	7.8
1981	4935.8	102.5	1.1	4395.9	5.1
1982	5373.4	102.0	1.1	4691.8	9.0
1983	6020.9	102.0	1.2	5154.1	10.8
1984	7278.5	102.7	1.2	6066.9	15.2

---

[1] 习近平在 2014 年中央经济工作会议上的讲话，见新华社 2014 年 12 月 11 日电。
[2] 习近平在 2014 年中央经济工作会议上的讲话，见新华社 2014 年 12 月 11 日电。
[3] 习近平在 2014 年中央经济工作会议上的讲话，见新华社 2014 年 12 月 11 日电。

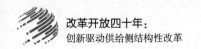
时间	名义GDP （亿元）	居民消费价格 指数（上年＝100）	通胀率（％， 基期为1978年）	实际GDP （亿元）	增长速 度（％）
1985	9098.9	109.3	1.3	6938.9	13.4
1986	10376.2	106.5	1.4	7430.0	8.9
1987	12174.6	107.3	1.5	8124.7	11.7
1988	15180.4	118.8	1.8	8527.5	11.3
1989	17179.7	118.0	2.1	8178.4	4.2
1990	18872.9	103.1	2.2	8714.3	3.9
1991	22005.6	103.4	2.2	9826.7	9.3
1992	27194.5	106.4	2.4	11413.4	14.2
1993	35673.2	114.7	2.7	13053.1	13.9
1994	48637.5	124.1	3.4	14340.7	13.0
1995	61339.9	117.1	4.0	15444.9	11.0
1996	71813.6	108.3	4.3	16696.3	9.9
1997	79715.0	102.8	4.4	18028.5	9.2
1998	85195.5	99.2	4.4	19423.4	7.8
1999	90564.4	98.6	4.3	20940.6	7.7
2000	100280.1	100.4	4.3	23094.7	8.5
2001	110863.1	100.7	4.4	25354.5	8.3
2002	121717.4	99.2	4.3	28061.4	9.1
2003	137422.0	101.2	4.4	31306.4	10.0
2004	161840.2	103.9	4.6	35485.2	10.1
2005	187318.9	101.8	4.6	40345.5	11.4
2006	219438.5	101.5	4.7	46565.0	12.7
2007	270232.3	104.8	4.9	54717.1	14.2
2008	319515.5	105.9	5.2	61091.6	9.7
2009	349081.4	99.3	5.2	67215.1	9.4
2010	413030.3	103.3	5.4	76987.8	10.6
2011	489300.6	105.4	5.7	86531.7	9.5

续表3-1

时间	名义 GDP（亿元）	居民消费价格指数（上年＝100）	通胀率（%，基期为 1978 年）	实际 GDP（亿元）	增长速度（%）
2012	540367.4	102.6	5.8	93141.1	7.9
2013	595244.4	102.6	6.0	100000.0	7.8
2014	643974.0	102.0	6.1	106065.2	7.3
2015	689052.1	101.4	6.2	111922.8	6.9
2016	743585.5	102.0	6.3	118412.5	6.7

资料来源：国家统计局 http://data.stats.gov.cn/index.htm。

宏观上经济增速的整体放缓反映出了在我国的经济运行中还存在一定的不足，只有正确认识了这些问题，才能对症下药、逐个攻破，以促进经济更好更快发展。目前制约经济可持续发展的原因可以总结为四个方面：供需结构错配、人口红利渐消、资本脱实向虚、创新不足。

3.1.1 供需结构错配

供需结构错配是中国在新常态下经济运行中的突出矛盾，供需结构错配不是需求不足，而是有效供给不适应市场需求的变化。经济运行中需求端问题的症结大部分来源于供给端，而供给端的一些问题，又可以归因到体制政策制度层面存在的问题。从需求端到供给端再到制度端这三个环节来看，供给端是"牵一发动全身"，它一边连着需求，一边连着政策。因此，将改革进行到底，对供给端进行结构性改革，不仅能调整供给端内部的结构性问题，而且能够顺其自然解决需求端面临的一些问题。随着我国居民收入水平的提高，居民对产品的需求结构随之转型升级，习近平总书记在十九大报告中明确提出："中国特色社会主义进入新时代，我国社会主要矛盾已经转化为人民日益增长的美好生活需要和不平衡不充分的发展之间的矛盾。"[1]

当前，我国供需格局发生了重大变化，在国内煤炭、钢铁、水泥等行业产能严重过剩的同时，中国海外代购市场的交易规模却连年增长。出境购物、海淘、代购等多种境外消费方式层出不穷，从奶粉、马桶盖、电饭煲到高级化妆

---

[1] 习近平在中国共产党第十九次全国代表大会上的讲话，见新华社 2017 年 10 月 27 日电。

品，中国消费者似乎都更加偏爱外国商品①。2018 年 3 月，在十三届全国人大一次会议召开的"推动形成全面开放新格局推动商务事业高质量发展"记者会上，商务部部长钟山指出："经初步估算，目前我国居民一年去境外购物消费大约 2000 亿美元，购物清单中包括高档商品、日用消费品等。"同时，根据联合国世界旅游组织（UNWTO）在 2017 年公布的数据，中国游客 2016 年全年的境外消费总额为 2610 亿美元，同比增长了 12%，在全球出境游客总消费额中占比超过 1/5，超过排名第二的美国游客的境外消费总额接近一倍。无疑，中国市场有着巨大的消费潜力，所谓的产能过剩实质上是"结构性过剩"。供需结构的不匹配导致了当前国内产品积压滞销和境外消费持续走高并存的现象，中国消费者需要的是质量过硬、附加值高的高端产品。

3.1.2 人口红利渐消

如表 3-2 所示，1990 年来我国 0—14 周岁的新生人口呈下降趋势，从 2013 年开始我国劳动人口的绝对数量和相对数量开始同步下降。据国家统计局最新发布的数据，中国 2016 年 15—64 周岁的劳动年龄人口为 100260 万人，比上年末减少 101 万人，占总人口的比重为 72.51%，较上一年占比又下降了 0.5 个百分点。由于劳动力数量的下降，近年来我国劳动力价格不断上涨②，用工成本随之上升，挤压了企业的利润空间。之前拉动我国经济增长的主要是劳动密集型传统制造业，对劳动力的依赖程度非常高，随着我国人口红利的逐渐消失，许多外资企业将重心移向拥有大量廉价劳动力的马来西亚、印度等地，使得我国经济增速放缓。

表 3-2　1990—2016 年中国人口年龄结构

时间	0—14 岁人口（万人）	0—14 岁人口/总人口（%）	15—64 岁人口（万人）	15—64 岁人口/总人口（%）	65 岁及以上人口（万人）	65 岁及以上人口/总人口（%）
1990	31659	27.69	76306	66.74	6368	5.57
1991	32095	27.71	76791	66.30	6938	5.99
1992	32339	27.60	77614	66.24	7218	6.16

---

① 贾康，张斌：《供给侧改革：现实挑战、国际经验借鉴与路径选择》，《价格理论与实践》，2016 年第 4 期，第 5—9 页。

② 金三林，朱贤强：《我国劳动力成本上升的成因及趋势》，《经济纵横》，2013 年第 2 期，第 37—42 页。

时间	0—14 岁人口（万人）	0—14 岁人口/总人口（%）	15—64 岁人口（万人）	15—64 岁人口/总人口（%）	65 岁及以上人口（万人）	65 岁及以上人口/总人口（%）
1993	32177	27.15	79051	66.70	7289	6.15
1994	32360	27.00	79868	66.64	7622	6.36
1995	32218	26.60	81393	67.20	7510	6.20
1996	32311	26.40	82245	67.20	7833	6.40
1997	32093	25.96	83448	67.50	8085	6.54
1998	32064	25.70	84338	67.60	8359	6.70
1999	31950	25.40	85157	67.70	8679	6.90
2000	29012	22.89	88910	70.15	8821	6.96
2001	28716	22.50	89849	70.40	9062	7.10
2002	28774	22.40	90302	70.30	9377	7.30
2003	28559	22.10	90976	70.40	9692	7.50
2004	27947	21.50	92184	70.92	9857	7.58
2005	26504	20.27	94197	72.04	10055	7.69
2006	25961	19.75	95068	72.32	10419	7.93
2007	25660	19.42	95833	72.53	10636	8.05
2008	25166	18.95	96680	72.80	10956	8.25
2009	24659	18.48	97484	73.05	11307	8.47
2010	22259	16.60	99938	74.53	11894	8.87
2011	22164	16.45	100283	74.43	12288	9.12
2012	22287	16.46	100403	74.15	12714	9.39
2013	22329	16.41	100582	73.92	13161	9.67
2014	22558	16.49	100469	73.45	13755	10.06
2015	22715	16.52	100361	73.01	14386	10.47
2016	23008	16.64	100260	72.51	15003	10.85

资料来源：国家统计局 http://data.stats.gov.cn/index.htm。

如图 3-1 所示，1990 年以来我国少儿抚养比连年下降，与此同时老年抚养比不断上升。截至 2016 年末，我国的老年抚养比已经高达 15%，这意味着每 7 名劳动年龄人口要负担 1 名老年人。我国人口老龄化现象日益凸显，人口红利严重下降。此外，中国人口平均受教育程度和劳动力素质落后于高收入国家，专业技术人才和高层次人才十分紧缺，"人口质量红利"亟待提升。

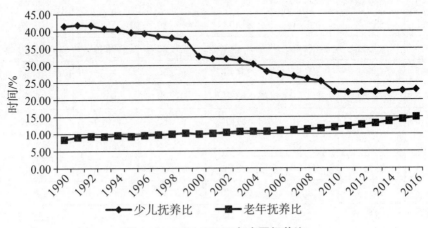

图 3-1　1990—2016 年中国抚养比

资料来源：国家统计局 http://data.stats.gov.cn/index.htm。

3.1.3　资本脱实向虚

近年来，资本"脱实向虚"问题明显，实体经济和金融运行越来越不协调，出现货币与经济运行背离、金融增长与投资效率背离、资产价格与商品价格背离等现象。国家信息中心首席经济学家范剑平在"中国股权投资年度峰会"暨 2016 投资家网年会上发表演讲说到，"过去我国固定资产投资投 100 元的钱，可以赚 18.89 元，2015 年只能赚 0.17 元，几乎是投资零利润"，实体经济不理想的投资回报率使得大量资本流出。据国家金融与发展实验室公布的数据，2008 年至 2016 年，我国非金融类企业部门的杠杆率由 95.2% 增长到 158.2%，这 8 年时间里杠杆率增长了 63 个百分点，平均每年增长将近 8 个百分点。

此外，部分地方政府由于长期过度看重房地产对 GDP 和财政收入的贡献，甚至一度将其作为支柱产业加以政策扶持，造成高额的行业利润引导资金过度向房地产流动[①]。超高房价严重脱离国情，超出居民购买能力，违背房屋是用

---

① 孙飞，张占斌：《当前我国实体经济发展的困境与出路》，《中国党政干部论坛》，2017 年第 7 期，第 84—87 页。

来居住的根本属性，这不仅提高了房地产泡沫化程度，加剧了未来的金融风险，也诱导实体经济的资本大量涌向房地产，挤压了实体经济的发展空间。

3.1.4 创新不足

习近平总书记在党的十九大报告中指出"创新是引领发展的第一动力，是建设现代化经济体系的战略支撑"[1]。我国产业转型升级缓慢，最根本的原因是企业在科学技术和管理方面创新不足。

一方面，企业创新意愿不强。经济学家张其佐在出席博鳌亚洲论坛 2014年年会接受新华社记者专访时指出，"技术的不确定性、高昂的交易费用和不完善的市场制度使得中国很多企业不愿、不敢创新"。多年以来，我国企业长期依赖模仿跟进策略，导致创新意愿不强、创新能力不足。另一方面，政府支持力度不够，创新行为具有正的外部性，创新企业的个人成本大于社会成本，这就要求政府对创新行为给予更多的支持。据国家统计局数据，我国 2017 年研究与试验发展（R&D）经费支出占国内生产总值的比例仅为 2.1%，和发达国家平均 2.8% 的水平仍有较大差距。

3.2 供给侧改革的方向

为了解决上述问题，使中国经济焕发出新的活力，平稳跨过"中等收入陷阱"，带领中华民族走向伟大复兴，党中央提出了供给侧结构性改革，将改革开放向前推进。2016 年习近平总书记在省部级主要领导干部学习贯彻党的十八届五中全会精神专题研讨班上对新常态下的中国经济做出重要判断："当前，我国经济发展中有周期性、总量性问题，但结构性问题最突出，矛盾的主要方面在供给侧。"[2]

3.2.1 供给侧改革的提出

2015 年 11 月 10 日，在中央财经领导小组第十一次会议上，习近平总书记发表讲话提出："在适度扩大总需求的同时，着力加强供给侧结构性改革，着力提高供给体系质量和效率，增强经济持续增长动力，推动我国社会生产力

---

[1] 习近平在中国共产党第十九次全国代表大会上的讲话，见新华社 2017 年 10 月 27 日电。

[2] 习近平在省部级主要领导干部学习贯彻党的十八届五中全会精神专题研讨班上的讲话，见新华社 2016 年 1 月 18 日电。

水平实现整体跃升。"① 要求重塑整个产业链、供应链和价值链，大力激发微观经济主体活力，从根本上提高质量和效率，推动经济可持续发展。这是"供给侧改革"的首次亮相，标志着我国的经济改革重点由"需求管理"转向"供给管理"。

虽然"供给侧改革"政策在 2015 年才正式出台，但是其实它的提出有着完整的脉络。早在 1992 年春，邓小平南在方谈话中就做出"科学技术是第一生产力"的论断，反映了从供给端发力的想法。如图 3-2 所示，在 2012 年党的十八大报告中，中央提出要从供给方面发力推动我国经济发展，初步有了供给管理的思路。2014 年国务院常务会议提出要"着力增加有效供给，不断满足新增需求"，将焦点聚集在供给上，引发广泛关注。2015 年 10 月 10 日，中央财经办公室主任刘鹤到广东调研时强调，"要更加重视供给侧调整，加快淘汰僵尸企业，有效缓解过剩产能"，进一步明确了"供给侧改革"的政策取向。紧随其后，11 月 15 日，习近平总书记在 G20 会议上发表讲话中指出："要重视供给端和需求端的共同协同发力。"② 至此，供给方面改革进入决策公共讨论。

自党中央正式提出供给侧改革后，我国对此进行了不懈的实践和探索，将供给侧改革不断推向前进。从 2015 年 11 月 10 日到 18 日，前后 9 天，中央四次提及"供给侧改革"，以创新为根本动力，遍及全国各个领域的供给侧结构性改革由此正式拉开大幕。

图 3-2　供给侧改革目标

资料来源：根据公开资料整理③。

---

① 习近平在 2015 年中央财经领导小组第十一次会议上的讲话，见新华社 2015 年 11 月 10 日电。
② 习近平在二十国集团领导人第十次峰会第一阶段会议上的讲话，见人民网 2015 年 11 月 16 日电。
③ 资料包括十八大报告、中央财经领导小组第十一次会议、十九大报告等。

2016 年，20 多份落实"三去一降一补"的细则文件密集出台，供给侧改革完成了从"概念"到落地的过程。1 月 26 日，中央财经领导小组第十二次会议召开，深入阐述了供给侧改革的目的和路径。同日，中共中央和国务院联合发布《关于落实发展新理念加快农业现代化实现全面小康目标的若干意见》，首次将"供给侧结构性改革"写入中央一号文件。3 月，《中华人民共和国国民经济和社会发展第十三个五年规划纲要》出台，强调要使供给能力满足广大人民日益增长、不断升级和个性化的物质文化和生态环境需要。2017 年是推进供给侧结构性改革的深化之年，改革工作在医疗、农业、文化、教育等多个重点领域推开。10 月 18 日，习近平总书记作十九大报告时指出："要以供给侧结构性改革为主线，推动经济发展质量变革、效率变革、动力变革，提高全要素生产率，坚持质量第一、效率优先。"[①] 2018 年至今，我国供给侧结构性改革开始进入深水区，当前的主要挑战在于防范化解重大风险、精准脱贫和污染防治三个方面。这需要我们落实好以人民为中心的发展思想，进一步激发市场主体活力，提升经济发展质量。

3.2.2 供给侧和需求侧的联系与区别

自 2015 年中央经济工作会议提出了"供给侧改革"的举措之后，全国掀起了深化改革的浪潮。国家层面推进供给侧改革落实的政策层出不穷，各地也连续出台落实供给侧改革的具体措施。那么，供给侧和需求侧到底有什么区别呢？

如表 3-3 所示，供给和需求是一对紧密联系的概念，二者统一于经济发展的过程中。需求侧关注投资、消费、出口"三驾马车"，主要作用于消费者，通过刺激需求拉动经济增长，重短期刺激。供给侧重视劳动力、土地、资本、技术等要素的供给和有效利用，通过提高供给体系的质量和效率来解放生产力、提升竞争力，从而促进经济发展，是作用于供给、生产端的长期机制。供给侧管理和需求侧管理都是调控宏观经济的有效手段，没有好与不好的差别，只有适不适应当前的市场环境的问题。随着我国经济运行的主要矛盾由过去的总量不足转变为结构性矛盾，为适应经济发展新形势的需要，以供给侧管理为主的宏观政策应运而生。

---

① 习近平在中国共产党第十九次全国代表大会上的讲话，见新华社 2017 年 10 月 27 日电。

表3-3　供给侧和需求侧的联系与区别

		供给侧	需求侧
联系		供给侧和需求侧是经济发展的一体两面，目的都是生产要素潜能的充分释放，并在新条件下达到均衡。在改革中要协调好两者的关系，沟通推进经济增长	
区别	调控时期	长期	短期
	作用对象	生产者	消费者
	主动性	主动	被动
	重点	关注结构性问题	关注总量性问题
	要素	劳动力、土地、资本、技术	投资、消费、出口
	作用机制	通过优化要素配置和调整市场价格来提高供给体系的质量和效率，推动经济增长	通过调节税收、财政支出等手段来刺激需求，拉动经济增长

资料来源：根据公开资料整理①。

供给侧改革的核心在于提高供给质量，着力于提高社会供给以促进经济增长，是一种寻求经济增长新动力的新思路。如图3-3所示，通过调整经济结构，发挥市场机制的作用，以矫正要素配置扭曲，提高供给体系的质量和效率，最终达成满足广大人民日益增长的美好生活需要的目标是供给侧改革的主线。

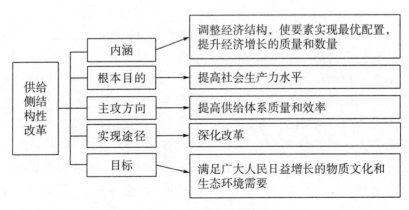

图3-3　供给侧改革主线

资料来源：根据公开资料整理②。

---

① 资料包括中央财经领导小组第十一次会议、中央财经领导小组第十二次会议、十九大报告等。
② 资料包括中央财经领导小组第十一次会议、中央财经领导小组第十二次会议、十九大报告等。

创新是适应和引领经济发展新常态、深化供给侧结构性改革、全面推进社会主义现代化建设的第一动力。2015 年，习近平总书记在长春召开部分省区党委主要负责同志座谈会时强调，"抓创新就是抓发展，谋创新就是谋未来"[①]，把创新摆到了关乎国家发展全局的核心位置。目前阻碍我国经济更好更快发展的主要原因有供需结构错配、人口红利渐消、资本脱实向虚和创新不足四个方面，解决这些问题根本上要靠创新。如图 3-4 所示，供给侧改革要大力支持创新创业，加快从要素驱动、投资规模驱动发展为主向以创新驱动发展为主的转变，有助于提升人口质量红利、促进企业盈利增长、提高要素质量和配置效率，从而提振我国实体经济的利润率、促进产业转型升级，最终矫正供需结构的错配，在国际产业链中力争上游地位，实现经济社会的健康发展。

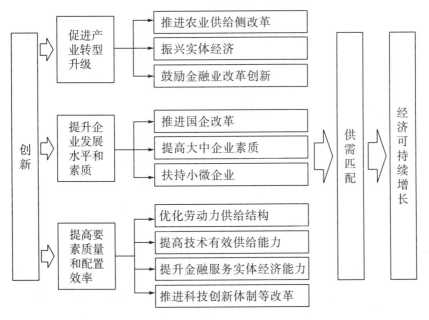

图 3-4 供给侧改革基本逻辑关系示意

资料来源：根据公开资料整理[②]。

---

① 习近平在部分省区党委主要负责同志座谈会上的讲话，见新华社 2015 年 7 月 19 日电。
② 资料包括中央财经领导小组第十一次会议、中央财经领导小组第十二次会议、十九大报告等。

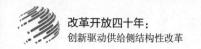
3.2.3　供给侧改革的五大任务

　　推进供给侧改革是适应我国经济发展新常态的必然选择。为了解决当前经济运行中存在的产能过剩、有效供给不足等现象，中央部署推动了"去产能、去库存、去杠杆、降成本、补短板"五大任务，通过实施相互配合的宏观政策、产业政策、微观政策、改革政策和社会政策来解决目前面临的供需结构不匹配问题，图3-5展现了"三去一降一补"的作用机制。

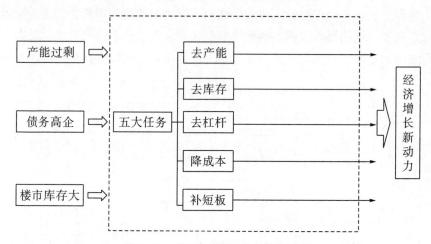

图3-5　"五大任务"作用机制示意

资料来源：根据公开资料整理①。

　　去产能，即化解产能过剩，是指为了解决产品供过于求而引起产品恶性竞争的不利局面，寻求对生产设备及产品进行转型和升级的方法。产能过剩的焦点行业是传统制造业，特别是钢铁、水泥、电解铝等高能耗行业，这些行业普遍存在产能过剩问题。在去产能的过程中，要注重运用市场机制，依法为实施市场化破产程序创造条件，关注失业人员的再就业和生活保障问题，落实财税支持政策，营造良好的市场氛围。

　　去库存，就是要降低产品库存水平。由于投资过剩和消费不足，我国房地产业普遍存在产能过剩，去库存压力巨大。要化解库存、促进房地产业持续发展，需要多管齐下，形成合力。一方面，政府应当注重宏观调控，深化住房体制改革，稳步推进住房商品化、社会化，逐步建立适应社会主义市场经济体制和我国国情的城镇住房新制度。另一方面，要发挥市场基础性的调节作用，鼓

---

　　①　资料包括中央财经领导小组第十一次会议、中央财经领导小组第十二次会议、十九大报告等。

励房地产企业兼并重组和降低房价，转变营销策略。

去杠杆，是指金融机构或金融市场减少杠杆的过程。杠杆本身是一个中性的工具，起到以一个固定的比例放大投资的效果，目前在金融市场中的运用已经非常普遍。它的危害性在于过高的杠杆会加剧市场的不稳定性，一旦资本市场开始回落，杠杆使用过度的企业会出现巨大亏损，迅速破产倒闭，从而产生一连串的连锁反应，严重时可能导致金融危机爆发。2017 年 3 月，央行副行长易纲在关于金融改革的记者发布会上回应杠杆率问题时表示，"中国的杠杆率从总体来看并不是特别高。从结构看，住户部门和政府部门都处于正常水平，结构性去杠杆的重点在于非金融企业部门"①。据国家统计局数据，从 1993 年至 2017 年，我国实体经济杠杆率由 107.8％上升至 242.1％，24 年间上涨了 134.3 个百分点。在推进去杠杆有效防范金融风险的同时，也要看到过度去杠杆会使得市场流动性的大幅缩减，阻碍金融业的发展，从而对经济发展产生不利影响。去杠杆的难点在于如何在平稳去杠杆和实现经济增长的目标之间取得平衡，我们需要寻找到新的经济增长点，着力解决资本错配问题，加大对金融创新的支持力度。

降成本，重心在于降低宏观成本，主要手段是简政放权。繁复的制度性交易成本加重了企业的负担，拉低了企业的利润率和发展。降成本以降低税费负担、融资成本、制度性交易成本、人工成本、物流成本等为主，通过激发企业的内部潜力、提高经济供给体系质量，以促进我国可持续发展。

补短板，就是要精准发力产业经济、城市管理、民生保障、社会治理、环境建设五大领域，加大投资力度。补短板和之前四个任务不同的地方在于这些公共服务性产业更加依赖政府而非市场的作用，受到较强的资金要素投入限制，重在政府的制度创新和加大投入力度。

3.3　供给侧改革推动各领域发展

随着以习近平同志为核心的党中央的供给侧结构性改革理念的持续深入，我国各个领域都取得了新的发展。本节对农业、工业、文化、教育、卫生和进出口贸易六个方面的最新改革成果作简要阐述。

---

① 易小川，易纲，潘功胜在十三届全国人大一次会议记者会上的讲话，见新华社 2018 年 3 月 9 日电。

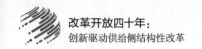
3.3.1　农业：改革创新

农业作为支撑国民经济建设与发展的基础产业，其重要性不言而喻。在多年的努力下，我国已经基本实现了主食的自给自足，粮食产量逐年增长。但是，在中国经济进入新常态的背景下，农业方面又出现了新的问题——粮食的自给率开始下降，这体现在一方面国内粮食年年增产，另一方面粮食的进口量持续增长。以稻米为例，如图 3-6 所示，在托市效应下，2007 年以来我国稻米库存连年增长，进口量却在十年来增长了近十倍。据国家海关局统计，2017年我国稻米累计进口 403 万吨，较去年增加了 13.2%。

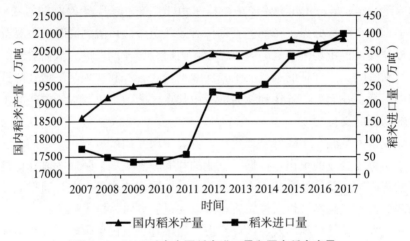

图 3-6　2007 以来中国稻米进口量和国内稻米产量

资料来源：中华人民共和国国家统计局，《中国统计年鉴——2017》，中国统计出版社，2017。

我国主粮存在结构性短缺的问题，即一般品种多，优质和专用品种少，国内的产品无法满足需求，只能通过进口弥补缺口。居民生活水平提高，消费观念和结构正在发生深刻变化，这对我国农业的转型提出了要求，改革的重点在于解决主要农产品生产与实际需求不匹配的问题。

从 2016 年到 2018 年，中央连续三年的一号文件都聚焦"三农"问题，提出从"优化产业结构、推行绿色生产、拓展产业价值链、科技创新推动、加强基本建设、完善制度体系"六个方面来引领农业可持续发展，认识到农业供给侧改革的重点并不是农产品的产量改革，而是农业结构与农业效益改革。当前，各地政府一方面调整传统种植业的结构，依据地域优势选择作物品种，种植高品质特色农产品，减少过剩农产品的产量；另一方面，开始寻找新的经济增长点，大力发展以乡村旅游、农村电商为代表的农村新产业。无疑，供给侧与农业的结合是开启新一轮现代化农业发展的全新动力，为现代新型农业改革指明了方向。

3.3.2　工业：盈利回升

工业是国民经济的主体，也是推进供给侧结构性改革的主战场。2012 年以来，受到国际大宗商品市场波动和中国经济增长速度放缓的双重影响，国内相关工业制品的价格持续走低，此处可以用具体数字说明。

工业生产者出厂价格指数反映了一定时期内全部工业产品出厂价格的总水平，工业生产者购进价格指数反映工业企业购买原材料等的物价水平，当购进指数高于同期价格指数时，就代表企业的经营成本相对较高，利润率被压缩。如图 3—7 所示，我国购进价格指数和出厂价格指数有背离的趋势，同时，中国工业生产者出厂价格指数在 2012 至 2015 年同比累计分别下降 1.7%，1.9%，0% 和 5.9%，PPI 跌至近五年来的最低点。

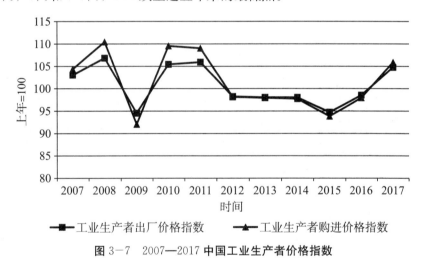

图 3—7　2007—2017 中国工业生产者价格指数

资料来源：中华人民共和国国家统计局，《中国统计年鉴——2017》，中国统计出版社，2017。

为了解决国内工业产能过剩、有效需求不足和国际市场输入性通缩压力等问题，需要改善工业发展质量，提高我国工业的国际竞争力。2015 年国务院印发了《中国制造 2025》，为未来 10 年的制造强国改革路径规划了行动纲领。2017 年，供给侧改革成效显现，工业企业的盈利开始回升，中国工业生产者出厂价格和购进价格都进入正增长区间，其中，PPI 由上年下降 1.4% 转为上

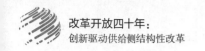

涨 6.3%，结束了自 2012 年以来连续 5 年的下降态势。

我国工业中推进供给侧改革的核心在于科技创新。目前工业企业中存在的产品积压、产能过剩、制成品价格低廉等问题，其根本原因都在于产品供给未能匹配消费者的需求。这就要求企业要以科技创新为基础，提高资源配置效率，加快培育新的竞争优势，加大研发投入力度，谋求产业转型升级，努力推动中国制造向中国创造转变、中国速度向中国质量转变、中国产品向中国品牌转变。

3.3.3 文化：高速发展

文化是一个民族的血脉，习近平总书记在党的十九大报告中指出："没有高度的文化自信，没有文化的繁荣兴盛，就没有中华民族伟大复兴。"[1] 随着收入水平的不断提高，居民越来越重视生活质量，对文化的消费支出持续增长。我国相关制度体系的建设随之跟进，《公共文化服务保障法》《文物保护法》《著作权法》《公共图书馆法》等文件接连出台，政府高度重视文化产业的改革和发展，文化法制建设逐渐完善。在近年来我国经济增长陷入瓶颈的背景下，文化产业的发展格外亮眼。

以电影产业为例，如图 3－8 和图 3－9 所示，近十年来中国电影的票房总额和观影人次都呈现跨越式增长。由于当前中国电影产业链结构纵向分离，低质量电影在电影制作、发行商与放映商的票房收入分账制博弈中更具有优势，劣质电影驱逐优质电影，整个行业出现柠檬效应[2]，导致粗制滥造的影片一度充斥市场，这反应在 2016 年我国电影票房和观影人次增速的急刹车上。为了促进电影产业健康繁荣发展，规范电影的创作、摄制、发行和放映等活动，2016 年 11 月 7 日第十二届全国人民代表大会常务委员会通过了《中华人民共和国电影产业促进法》。随着中国电影界以习近平新时代中国特色社会主义思想为指导，在电影创作管理实践中认真贯彻党的十九大精神，中国电影市场焕发了新的活力，走向理性增长的稳健期。据中国新闻出版广电总局电影局公布的数据，截至 2017 年 12 月 31 日，2017 年国内总票房突破 500 亿大关，其中国产电影票房占 53.84%，观影人次达到了 16.2 亿次，同比增长 18.08%。

---

① 习近平在中国共产党第十九次全国代表大会上的讲话，见新华社 2017 年 10 月 27 日电。

② 吴昌南：《中国电影行业"偷票房"效应及监管对策》，《商业研究》，2017 年第 12 期，第 21—27 页。

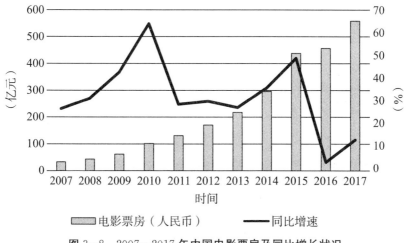

图 3-8 2007—2017 年中国电影票房及同比增长状况

资料来源：国家新闻出版广电总局 http://www.gapp.gov.cn/zongshu/serviceList4.shtml。

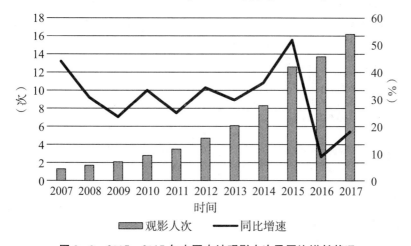

图 3-9 2007—2017 年中国内地观影人次及同比增长状况

资料来源：国家新闻出版广电总局 http://www.gapp.gov.cn/zongshu/serviceList4.shtml。

此外，诸如出版服务、影视制作、广播电视等行业也都在蓬勃发展。国家统计局公布的数据显示，2017 年全国规模以上文化及相关产业的 5.5 万家企业共实现营业收入 91950 亿元，比 2016 年增长 10.8%，增速加快 3.3 个百分点。

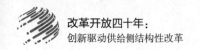

3.3.4 教育：投入增加

教育是推动一个国家繁荣昌盛的基础，供给侧改革的推进和教育的发展息息相关。教育有利于提高人民的思想道德素质和科学文化素质，是培养高层次创新型人才和推动科学技术进步的根本方法，能够促进经济高质量发展，是建设社会主义现代化国家的必由之路。国家高度关注教育的公共支出，并逐渐加大了扶持力度，如图3-10所示，近十年来国家财政性教育经费投入绝对值和占 GDP 比例的相对值都连年增长，2012 年到 2017 年更是连续六年实现在 GDP 占比超过 4％的目标。

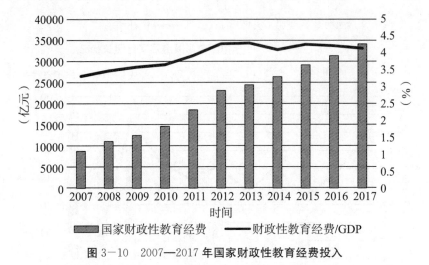

图3-10　2007—2017 年国家财政性教育经费投入

资料来源：国家统计局 http://data.stats.gov.cn/index.htm。

在教育投入的结构方面，政府也在制度体系、教育效率、高考改革等领域做出创新。如表3-4所示，我国在义务教育阶段的投入占比最大，接近一半；另外，我国越来越重视学前教育和高等教育，投入不断加大。根据教育部最新公布的数据，我国 2017 年学前教育和高等教育的经费投入增幅最大，分别为16.11％和 10.16％。政府越来越注重高新人才的培养，体现了国家实施科教兴国战略的坚定信念。

表3-4　我国各级教育经费投入情况

单位：%

	学前教育	义务教育	高中阶段教育	高等教育	其他教育
2017 年	7.65	45.49	15.6	26.09	5.17
2011 年	2.24	51.99	9.68	22.04	14.05
2007 年	1.24	53.33	9.6	19.9	15.93

资料来源：中华人民共和国国家统计局，《中国统计年鉴——2017》，中国统计出版社，2017。2017年全国教育经费统计快报。

3.3.5　卫生：政策扶持

为了解决"看病难，看病贵"等问题，中共中央和国务院于2009年3月发布了《关于深化医药卫生体制改革的意见》，拉开了医疗改革的序幕，2015年供给侧改革又为医疗体系的改革带来了新的活力。

随着医疗改革的纵深推入，国家财政对医疗卫生的投入不断增长，2015到2017年三年来财政医疗卫生支出累计达39114亿元，占财政支出的比例从6.8%提高到了7.2%。首先，以健康中国为主线，中央尤为关注基层卫生综合改革。如图3-11所示，2017年我国城乡居民基本医疗保险财政补助标准（每人每年）已达到450元，和2009年相比上涨了4.5倍。其次，严格控制医药费用不合理增长。2016年全国公立医院全面取消了实行了六十多年的药品加成政策，减轻了群众的医疗负担。最后，政府还在完善医疗保健系统、培育优秀医护人员、综合改革公立医院等方面协同发力，以提高我国医药卫生的供给能力和水平，满足人民群众的需要。据国家卫计委2017年公布的数据，到2020年，国人的平均预期寿命有望达到77岁，比2015年要多一岁。

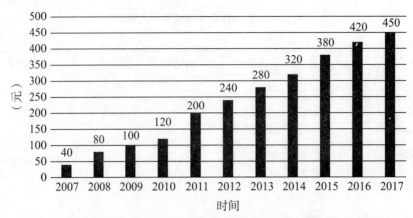

图 3-11　城乡居民基本医疗保险财政补助标准（每人每年）（2007—2017）

资料来源：国家统计局 http://data.stats.gov.cn/index.htm。

3.3.6　进出口贸易：结构升级

出口结构不合理一直是我国出口发展的最大阻碍。根据国家海关总署公布的数据，自 2016 年起我国贸易顺差就开始持续收窄，2016 年和 2017 年分别同比下降 9.1% 和 14.2%。一方面，国内产品供给不能完全适应消费者对高质量生活需求，导致了需求的外溢，具体体现在进出口贸易上就是我国进口的持续加快；另一方面，我国产品的附加值低，在国际分工中处于弱势地位，出口产品的利润率低，这对我国产业的转型升级提出了新的要求。

随着中央经济工作会议部署的贯彻落实，供给侧改革的持续推进，创新驱动发展理念深入人心，国内经济环境稳中向好，产业结构持续优化，自主创新能力增强，以科技、品牌、质量为核心的中国制造商品正在加速发展，为进出口贸易带来了新的国际竞争力。根据海关统计的历年出口商品的分类标准，工业制成品分为化学品及有关产品、轻纺产品、橡胶制品矿冶产品及其制品、机械及运输设备、杂项制品和其他未分类的商品，其中机械及运输设备可以看作是资本密集型产品。如图 3-12 所示，1990 年以来，机械及运输设备产品的出口占比实现了大幅增长，我国出口结构不断升级。同时，据海关总署最新数据，2018 年第一季度我国一般贸易进出口额达 3.93 万亿元，增长 13.2%，占我国进出口总值的 58.3%，比去年同期提升 2 个百分点，我国的贸易方式结构得到了进一步优化。

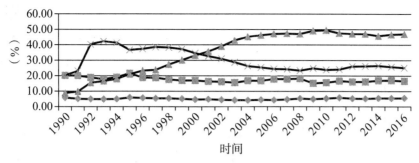

—◆— 化学品及有关产品出口额/出口商品总额

—▧— 轻纺产品、橡胶制品矿冶产品及其制品出口额/出口商品总额

—▲— 机械及运输设备出口额/出口商品总额

—✕— 杂项制品出口额/出口商品总额

图 3—12　1990—2016 年工业制成品出口结构变化

资料来源：国家统计局 http://data.stats.gov.cn/index.htm。

坚持社会主义市场经济改革方向，核心问题是处理好政府和市场的关系，使市场在资源配置中起决定性作用和更好发挥政府作用。这是我们党在理论和实践上的又一重大推进。①

——习近平

第4章

供给侧改革下政府职能的转变

　　随着改革开放的深入和社会主义市场经济的发展，我国政府职能也在不断变化。传统计划经济体制时期的政府是全能型政府，采用指令性计划和行政手段直接参与经济运行和社会发展，但是随着社会主义市场经济的不断发展，政府必须把更多的权力交给市场，政府职能逐渐开始转变。改革开放以来，我国政府职能实现方式由运用行政手段为主转变为以经济手段为主、法律手段和必要的行政手段相结合的方式，由直接管理和微观管理转变为间接管理和宏观管理。政府的主要任务转变为服务于市场主体，让市场调节在经济运行中占主导地位，大大推动了我国社会主义市场经济的发展。但是，现在政府职能的转变还远远不够，依然存在对微观主体干预过多，市场监管不够完善，公共服务比较薄弱，宏观管理效率低下，社会管理存在缺失等问题，这些问题都是社会主义现代化建设道路上的绊脚石。以往的成功经验表明，经济水平的快速发展要求上层建筑的深度变革，必须进一步改革政府机构，转变政府职能，提高政府工作效能，让政府真正成为为人民服务的政府，从而助力深化改革开放，激发社会发展活力，维护社会和谐稳定。

　　党的十八届二中全会指出，"转变政府职能是深化行政体制改革的核

---

① 习近平在中共十八届三中全会第二次全体会议上的讲话，见人民网 2013 年 11 月 12 日。

心"①。党的十九届三中全会提出，"转变政府职能，优化政府机构设置和职能配置，是深化党和国家机构改革的重要任务"②。这直接关系国家治理体系的完善和治理能力的提升，对各领域改革发挥着体制支撑和保障作用。在改革开放过程中，政府、市场、社会刚好对应国家治理的三要素：法规治理、个体激励、社会规范。正确处理三者关系，才能真正推动国家治理体系和治理能力的现代化。转变政府职能是深化行政体制改革的核心，实际上要解决的是政府应该做什么、不应该做什么，重点是明确政府、市场、社会的关系，即哪些事应该由市场、社会、政府各自分担，哪些事应该由三者共同承担。

供给侧改革虽然是生产端的改革，从表面来看属于经济领域，但是在经济领域的变革中政府职能往往都要起到基础性作用。从供给侧改革的阶段性任务来看，"无论是削平市场准入门槛、真正实现国民待遇均等化，还是降低垄断程度、放松行政管制，也无论是降低融资成本、减税让利民众，还是减少对土地、劳动、技术、资金、管理等生产要素的供给限制，实际上都是政府改革的内容。"③ 供给侧改革离不开政府的配合，政府是供给侧改革中重要的规划者和参与者，改革的方向、力度和流程很大程度取决于政府。在供给侧改革中一定不能忽视政府的作用，要通过政府做好顶层设计，经济领域和政府改革双管齐下，为供给侧改革指明方向。推进政府职能的转变要以"放管服"为中心，通过简政放权限制政府权力，同时加强政府监管维护市场秩序和公平正义、优化服务，打造人民满意的服务型政府，为企业和个人创业创新打造良好的环境。

4.1　简政放权，理清政府、市场和社会三者关系

供给侧改革过程中，转变政府职能的关键在于处理好政府和市场的关系，要划分清楚政府作用和市场作用的界限，让市场在资源配置中起决定性作用和更好发挥政府作用。2016 年 3 月，习近平总书记在参加全国人大上海代表团审议时指出："深化经济体制改革，核心是处理好政府和市场的关系。使市场在资源配置中起决定性作用和更好发挥政府作用。这就要讲辩证法、两点论，'看不见的手'和'看得见的手'都要用好。关键是加快转变政府职能，该放

---

① 习近平在中共十八届二中全会第二次全体会议上的讲话，见人民网 2013 年 2 月 28 日。
② 习近平在中共十九届中央委员会第三次全体会议上的讲话，见新华社 2018 年 2 月 28 日电。
③ 王青山：《从产业结构调整看供给侧改革》，《光明日报》，2015－12－08（002）。

给市场和社会的权一定要放足、放到位，该政府管的事一定要管好、管到位。"① 习近平总书记所说的"两放两管"说明在转变政府职能过程中，一方面政府要适当放权，市场和社会效率更高的领域交给市场和社会来管理，充分发挥市场机制作用和社会组织作用；另一方面，政府要加强监督，建立起事前预防警戒机制和做好事中事后监管工作。"两放"并不意味着否认政府作用，完全放任市场和社会自由运作，"两管"也不意味着政府对市场和社会进行直接干预，而是政府和市场辩证结合、相辅相成。政府要维护市场和社会的运行秩序，让市场主体和社会组织拥有更多自主权，激发市场主体和社会组织创造力，为群众和企业创新创业提供良好的市场秩序和社会环境，助力中国经济高质量发展。

4.1.1 政府和市场的界限

西方经济学理论认为由市场来进行资源配置比政府更有效率，市场通过供求、价格、竞争等机制来实现资源的分配和组合，而价值规律像一只"无形的手"推动资源向最高效的领域。但是市场配置资源会出现失灵的情况，需要政府进行适当引导和调节，将市场运行引入到正确的轨道上。政府通过制定经济政策、规章制度和法律法规等，像一只"有形的手"，有目的地将资源配置到相应领域。但是政府缺少市场的自我调节功能，一旦出现失灵，可能造成难以挽回的严重后果。因此分清政府作用和市场作用的界限对于转变政府职能至关重要，要严格限制政府的作用范围，充分发挥市场的决定性作用。

供给侧改革过程中，"经济体制改革的核心问题仍然是处理好政府和市场关系"②。习近平总书记强调："理论和实践都证明，市场配置资源是最有效率的形式。"③ 由市场配置资源是市场经济的一般规律，市场主体在市场机制的作用下不断向前发展，在公平的竞争中激发活力和创造力。因此，市场经济可以充分带动企业自主研发创新，向全球产业链中高端发展，构建现代产业体系。党的十八届三中全会将市场的"基础性作用"改为"决定性作用"，充分说明了市场在经济体制改革过程中的重要作用，要发展社会主义市场经济，就要充分发挥市场的作用。政府职能亟待转变，放权于市场是关键环节，习近平总书记多次强调限制政府权力，"要深化行政审批制度改革，推进简政放权，

---

① 习近平在参加十二届全国人大四次会议上海代表团审议时的讲话，见新华社 2016 年 3 月 5 日。
② 习近平在中共十八届三中全会上的讲话，见《人民日报》2013 年 11 月 16 日。
③ 习近平在中共十八届三中全会上的讲话，见《人民日报》2013 年 11 月 16 日。

深化权力清单、责任清单管理，同时要强化事中事后监管"①，"坚决克服政府
职能错位、越位、缺位现象"。②

发挥市场的"决定性作用"是转变政府职能的核心，但是也不能完全放开
政府管理，任由市场作用。要维持市场稳定健康运行，政府的力量不可或缺，
市场和政府相结合共同管理经济运行才是最具效率的方式。简政放权本质上是
转变政府职能，因此政府要做好宏观调控以把握市场发展的大趋势，加强监管
以打击扰乱市场秩序的行为，完善服务，为市场主体提供良好的发展环境。

4.1.2　政府和社会的界限

改革开放以来，随着市场经济的发展，人民群众的自主性增强，社会资本
脱离政治约束集聚一起，社会组织逐步发展起来，并在社会生活中的作用越来
越强大。社会组织作为社会自治主体，在经济领域、社会领域和政治参与方面
可以很好弥补政府职能不足，以政府为中心的治理模式已经难以适应社会的发
展，因此应该将社会组织纳入现代治理体系，界定清楚政府对社会管理的界
限，放权于社会，激发社会组织活力，形成科学高效的社会治理模式，提高社
会治理效率。在当今社会转型过程中，仅仅依靠政府作用难以考虑到各方群体
利益，容易引发矛盾冲突，但是社会组织作为群众组织能够借助社会舆论表达
某些群体的利益诉求，因此将社会组织纳入现代治理体系有助于调和政府和群
众之间的矛盾，实现政府和社会之间的和谐关系。

社会组织是国家和市场之外的所有民间机构和组织的总和，包括社区组
织、行业协会、社会团体、公民的志愿性组织以及各类非政府组织等。③ 作为
独立于政府和市场之外的第三方机构，社会组织可以弥补政府和市场管理缺失
的区域，分担政府的繁杂任务。当前我国社会组织逐渐发展壮大，涉及教育、
医疗、环保、弱势群体救助等各种领域，可以替代政府提供部分公共服务，缓
解政府作为单一提供者的压力。但是我国社会组织发展也存在一些障碍：一方
面，我国在社会组织发展方面存在很多法律和制度空白，很多社会组织由于缺
少主管单位而难以登记，由于缺乏引导，很多社会组织不够正规，存在非法牟
取私利的现象；另一方面，我国社会组织处于双重管理制度，由登记管理和业
务管理共同组成，这种制度虽然强化了政府对社会组织的管理，但是也在很大

---

① 习近平在参加十二届全国人大四次会议上海代表团审议时的讲话，见新华社 2016 年 3 月 5 日。
② 习近平在中国共产党十八届中央政治局第十五次集体学习时的讲话，见《人民日报》2014 年
5 月 28 日。
③ 程李华：《现代国家治理体系视阈下的政府职能转变》，中共中央党校博士学位论文，2014 年。

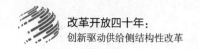
程度上限制了它们的独立发展，充满浓重的官僚色彩。中共十八大以后，我国社会组织的管理制度有所松动，公益慈善类、科技类、行业协会类及城乡社区服务类社会组织可以直接登记，不再需要主管部门，政治类社会组织依然实行双重管理制度。

4.1.3 深化简政放权，减少行政干预

　　简政放权是转变政府职能的首要任务，其前提是要厘清政府和市场、政府和社会之间的界限，划分政府层级之间的关系。政府将该放的权放给市场和社会，中央政府把权力放给地方政府，上级政府把权力放给下级政府，简化政府对微观事务的管理，充分发挥市场的决定性作用，激发社会组织活力。政府将职能转变到加强制度监管、提供优质服务上面，为群众和企业的发展提供良好的外部环境，从而为供给侧改革打下优质基础，推动经济稳定健康发展。深化简政放权主要从以下几个方面进行：

　　第一，向市场放权，强化行政审批制度改革。行政审批制度作为政府权力的重要实现方式，对市场和社会主体的影响相当广泛，因此行政审批制度改革在转变政府职能过程中至关重要。一方面，过于复杂的审批流程增加了企业的成本，影响企业创业创新的积极性，不符合市场经济的发展要求；另一方面，行政审批事项过多占用政府资源，拉低了政府治理效率。这就要求我们必须通过法律法规对政府行政审批事项进行严格规定，限制政府对市场运行的过度干预，释放市场主体的创造活力。2013 年我国加快推进机构改革以来，取消和下放了一系列行政审批事项，尤其是经济领域投资和生产经营活动的项目。当前经济发展中，仅仅依靠政府投资容易导致产能过剩等诸多问题，需要通过市场机制作用引进民间投资和外商投资进一步激励经济发展。同时简化审批流程有助于为企业创业创新提供方便，增强我国自主创新能力。除此之外，要公开政府权力清单实现透明化管理，方便人民群众对政府工作的监督，防止出现权力寻租等妨碍市场经济运行的现象。

　　第二，向社会放权，实现政府和社会组织的良好合作。一方面，当前我国社会组织还存在很多问题，很多社会组织缺乏供给公共服务的力量。这主要是由于社会组织受政府管制过多，缺少独立发展的条件，对政府依赖过多。要实现社会组织的健康发现，必须放开双重管理体制，解开政府对社会组织发展的束缚，同时要完善法律法规，允许更多符合条件的社会组织登记注册。另一方面，当前我国政府对社会放权的主要形式为政府向社会购买公共服务，但是在这方面还存在很多法律空白，因此必须完善政府购买社会组织服务的相关制

度，实现政府和社会组织相互合作共同提供公共服务的创新型方式。

第三，中央向地方放权，优化各级政府权力配置。我国地域辽阔，各地区发展不平衡，中央部门管得过多过细反而不利于地方发展，应该适当放权，因地制宜进行地方管理。首先，在公共服务领域向地方放权，要强化地方政府提供公共服务的能力，在中央负责公益性覆盖全国范围的公共服务供给的基础上，由地方政府根据各地具体情况，基于城乡和区域的不同需求，提供差异化的公共服务，以实现均等化公共服务，提高公共服务供给效率。其次，在经济领域向地方放权，下放投资和生产经营审批事项，减少专项转移支付，增加一般性转移支付，调动地方政府积极性，为地方政府履行职能提供财力保障，为地方经济发展注入活力。最后，中央和地方相互监督，构建民主科学的权力运行机制，厘清各政府部门之间的权力界限，各司其职，减少权力滥用现象。同时中央向地方放权必须找到平衡点，做到政府间的权力配置与政府层级相匹配，避免出现权力交叉的现象，在政府和地方之间科学合理分配权力，更好地发挥中央和地方的积极性，提高政府管理效率。

4.2 放管结合，加大制度供给

简政放权不是完全放开不管，而要在放开权力的同时加强监管，提供科学的制度和规则，以及强有力的法律保障。正如 2014 年国务院常务会上李克强总理所言，"放是放活，而不是放任；管要管好，而不是管死。转变政府职能的核心要义，是要切实做好'放管'结合。"[1] 要在减少对市场干预的前提下，营造良好稳定的市场秩序。财政政策实证理论学派认为，设立了合理的机构组织和制度安排，有助于政策的制定和实施，同时可以有效避免政治家权力过大导致的滥用职权行为。制度的制定远比政治家的选择更为重要，制定适合国家发展的制度可以提高国家治理效率并且维护社会公平正义。我国改革开放以来，一系列的制度变革对我国经济发展做出了巨大的贡献，充分解放了生产力，并推动了社会的进步和发展，从某种程度上来说，一个国家的制度限定了整个国家的经济发展潜力。

在供给侧改革中，同样不能缺少制度改革。一方面，通过制度创新转变以往由政府对经济进行直接干预的方式，将政府职能的重点转移到提供服务以支持经济发展上；另一方面，制度作为一种重要的公共物品，有助于政府更好地

---

[1] 李克强在国务院常务会议上的讲话，见中国政府网 2014 年 6 月 4 日。

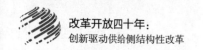
管理经济发展，降低经济运行成本，激发市场主体活力和创新精神。

4.2.1 金融体制改革

金融是现代经济的核心，是国家重要的核心竞争力，在经济发展中占据着重要地位。但是金融业在取得良好发展的同时也出现了一些问题：资金脱实向虚，金融与实体经济发展不平衡，融资以间接融资为主，直接融资比重偏低，金融风险隐患加剧。2017年7月，习近平总书记在第五次全国金融工作会议提出："要紧紧围绕服务实体经济、防控金融风险、深化金融改革三项工作任务，加快转变金融发展方式，健全金融法治，保障国家金融安全，促进经济与金融良性循环、健康发展。"[①]

在金融体制改革中，关键在于金融业供给侧结构性改革，不能仅仅发展"量"，更要重视"质"，减少无效、低端金融供给，增加有效、高端金融供给，优化金融结构，增强金融服务实体经济的能力，让金融更好地服务于创新产业，防范系统性金融风险，推动金融持续健康发展。金融业供给侧结构性改革主要从以下几个方面进行：

第一，管住货币供给总阀门。对于防范系统性金融风险，控制货币供给是关键任务之一。如果一个国家货币供给量过大，物价水平会出现上涨，进而引发资产价格上涨，推动资产扩大和杠杆化加强，最终将导致经济泡沫化。

如表4-1所示，2002—2008年我国M_2/GDP的比率在150%左右波动较小，货币供应量处于平稳变动。2009年M_2/GDP大幅增长至174.8%，之后七年基本呈现持续增长趋势，直到2016年达到208.3%。与此同时，社会融资规模也在2009年出现大幅增长趋势，相较于2008年扩大至2倍，之后也处于波动中增长，2016年达到18159亿元。货币供给增长带动杠杆率上升的作用相当明显，金融系统性风险增加，因此要把控住货币供给量，实施稳健中性的货币政策。

---

① 习近平在第五次全国金融工作会议上的讲话，见《人民日报》2017年07月16日01版。

表 4—1　2002—2016 年我国 M₂ 和 GDP 情况

年份	GDP 增速（%）	M₂/GDP（%）	M₂ 增速（%）	社会融资规模（亿元）
2002 年	9.1	152.0	16.8	20112
2003 年	10	161.0	19.6	34113
2004 年	10.1	157.0	14.7	28629
2005 年	11.4	159.5	17.6	30008
2006 年	12.7	157.5	16.9	42696
2007 年	14.2	149.3	16.7	59663
2008 年	9.7	148.7	17.8	69802
2009 年	9.4	174.8	28.5	139104
2010 年	10.6	175.7	19.7	140191
2011 年	9.5	174.0	13.6	128286
2012 年	7.9	180.3	13.8	157631
2013 年	7.8	185.9	13.6	173169
2014 年	7.3	190.7	12.2	158761
2015 年	6.9	202.1	13.3	154063
2016 年	6.7	208.3	11.3	178159

资料来源：国家统计局 http://data.stats.gov.cn/index.htm。

2017 年中央经济工作会议明确指出，稳健货币政策要保持中性，管住货币供给总闸门，保持货币信贷和社会融资规模合理增长。在满足支持实体经济发展的资金需求的前提下，尽量避免推高信贷水平和杠杆率，否则会导致资本价格虚高。通过稳健中性的货币政策保持流动性的紧平衡，推进金融去杠杆化，有效防范金融风险，营造助力实体经济发展的中性适度的货币金融环境。

第二，深化利率市场化改革，打通货币政策传导机制。如今我国依然存在一些利率双轨制，一方面是虽然已经放开存贷款利率上下限，但是依然存在基准利率，另一方面是货币市场利率完全由市场决定。要实现这两个轨道的利率达到统一，打通货币政策传导机制，必须要健全市场化的利率形成机制。要达到利率传导顺畅，人民银行可以通过调整操作利率，相应地影响货币市场利率，继而传导至存贷款利率，同时必须要放开存贷款利率，否则人民银行的利率操作会遭到梗阻。接下来应该继续以"放得开，形得成，调得了"① 为主线实施利率市场化改革，建立由市场供求关系决定利率水平的利率形成机制。中央银行可以采用货币政策调控和引导利率，使市场机制在金融资源配置中起主导作用，资本流向收益更高的领域，激发市场活力。

第三，促进形成金融和实体经济、金融和房地产、金融体系内部的良性循环。首先，实体经济是金融业发展的根本，对于当前出现的"脱实向虚"现象，要认识到金融过度发展反而对实体经济有害，要以服务供给侧结构性改革为主线，切实强化金融在服务存量重组、增量优化和动能转换方面的能力，让金融回归本源服务于实体经济。其次，金融资源集中于房地产行业容易产生较大风险，要控制个人住房贷款和房地产开发贷款的杠杆率，同时，要创新住房金融供给以满足居民的住房和租房需求。最后，金融体系内部的良性循环就是要避免资金在金融体系内空转。金融机构为了追逐利润，把资金引向高收益、高风险的投资领域，会导致资金难以流向实体经济，存在很大的潜在风险。因此要加强对金融机构的监管，提升监管协调有效性，补齐监管制度短板，提高监管能力和加强监管力度，不给金融机构留下套利空间。

第四，持续优化金融结构。在 2017 年 7 月份召开的全国金融工作会议上，对于下一步金融工作的重点，习近平总书记提出需要把握好四条原则，即"回归本源、优化结构、强化监管、市场导向"。② 优化金融结构，首先要扩大直接融资规模，降低社会杠杆率。十九大报告指出，提高直接融资比重，促进多层次资本市场健康发展。应该拓宽直接融资渠道，创新直接融资产品和直接融资方式，满足更多"双创"企业、民营高科技企业和中小企业的直接融资需求。其次，要增加金融资源有效供给，提高金融资源配置效率。停止对"僵尸企业"的贷款，加快"去产能"进程，同时创新金融产品，大力支持新兴产业企业、高新技术企业发展，助推创新驱动发展战略。要严格控制信贷流入投机性购房，使房地产市场回归常态，金融资源真正流入到实体经济中去。最后，要大力发展小型金融机构，构建健康可持续发展的小微金融体系，满足大量初创、小微企业的贷款需求，并且支持金融服务"三农"以及普惠金融的发展，补齐我国现有金融组织体系短板。

第五，不断推动金融科技发展。科技对金融的变革逐渐深入，从最初的以

---

① 中国金融四十人论坛，上海新金融研究院：《中国金融改革报告 2015》，中国金融出版社，2015 年。

② 习近平在第五次全国金融工作会议上的讲话，见《人民日报》2017 年 7 月 16 日 01 版。

计算机代替手工计算，提高了金融业务的工作效率，演变到互联网金融的崛起，第三方支付、众筹和 P2P 等业务发展迅猛。而现在大数据、云计算、区块链和人工智能等新型技术手段正在进一步改变金融领域，金融与科技的融合势不可挡。金融科技已经应用于多个金融领域，带动传统金融业务转型，助力于构建信用风险管理体系，使金融服务更加方便快捷，覆盖面更广，为实体经济注入发展活力。

4.2.2　财税体制改革

基于 20 世纪 70 年代美国供给学派的历史经验，当前我国推进供给侧结构性改革，最重要的宏观调控政策就是减少税收，降低企业成本，激发企业投资创新的积极性。2016 年 12 月，中央经济会议明确提出财政政策要更加积极有效，预算安排要适应推进供给侧结构性改革、降低企业税费负担、保障民生兜底的需要。根据国税总局的数据，2017 年实施的小型微利企业所得税减半征收政策共减税 454 亿元，提高科技型中小企业研发费用税前加计扣除比例、开展创业投资企业和天使投资个人有关税收政策试点等合计减税 200 多亿元。

除了实施减税政策，我国的税制改革也在积极进行。2016 年 5 月 1 日起，我国全面推开营改增试点。2017 年底，国务院废止了营业税暂行条例、修改增值税暂行条例，依法确定和巩固了营改增试点改革成果。首先，营改增减少了重复征税，符合供给侧改革中的减税要求，降低了企业的税收成本，有利于企业特别是小微型创业企业和高科技企业的发展进步。其次，增值税具有"税价分离"的特征，可以使价格真正反映市场供求状况，引导资源配置。最后，营改增改善了两套税制重复征税造成的不公平现象，推进各行业间税负均衡，有利于形成公平竞争的市场环境。

2018 年 1 月 1 日起，《中华人民共和国环境保护税法》正式开始实施，这是我国第一部体现"绿色税制"、推行生态文明建设的单行税法。"环保税"的设立加大了企业的污染成本，增强了执法力度，有利于提高纳税人的环保意识，加强企业节能减排的责任。排污企业将从被动治理转为主动治理，积极研发环保型技术，有利于企业未来可持续发展。同时，"环保税"的出台，导致了部分税负从劳动、资本所得向污染转移的结构性变动，有利于我国税制结构的进一步优化，对提升经济增长质量有积极作用。

除此之外，党的十九大报告提出了"深化税收制度改革，健全地方税体系"，将"建立权责清晰、财力协调、区域均衡的中央和地方财政关系"放在了财税体制改革的首要位置。我国幅员辽阔，存在各地区发展不平衡的现象，需要构建中央政府和地方政府收入划分体系，以实现调动地方政府积极性的同时，保持中央政府的控制权。因此，健全地方税系，实现中央和地方的财力协调是关系到实现区域均衡发展的重大课题。

为了支持供给侧结构性改革的进行，在财税体制改革过程中，一方面，应该以推动税制改革为突破口，降低间接税的比重，建立和完善以居民财产、行为为课税对象的直接税税制。另一方面，要继续推行减税政策，加大对小微企业、科技创造企业的税收优惠减免力度，减轻企业负担，提升企业生产效率，让企业有更多资金和精力开展创业创新活动。不断完善财税体制，促进产业结构调整，刺激新一轮经济增长，是对供给侧改革的有效支撑。

4.2.3　产权保护法制化

"保护产权就是保护生产力"[①]，生产力决定生产关系，生产关系反作用于生产力，保护产权，理顺生产关系，对生产力的发展至关重要。产权是生产经营的基石，只有在产权受到合法保护的前提下，企业才会有动力进行再投资开展生产经营活动。改革开放以来，我国大力推进产权制度改革，基本形成了归属清晰、权责明确、保护严格、流转顺畅的现代产权制度和产权保护法律框架，群众和企业的产权保护意识不断增强，保护力度不断加大。

2016年12月，国务院发布了《关于完善产权保护制度依法保护产权的意见》，这是中央首次在产权保护领域出台专门文件。该文件指出："有恒产者有恒心，经济主体财产权的有效保障和实现是经济社会持续健康发展的基础。必须加快完善产权保护制度，依法有效保护各种所有制经济组织和公民财产权，增强人民群众财产财富安全感，增强社会信心和形成良好预期，增强各类经济主体创业创新动力，维护社会公平正义，保持经济社会持续健康发展和国家长治久安。"[②]

党的十八大以来，党中央、国务院高度重视产权保护工作。党的十八届三中、四中、五中全会就此提出明确要求，强调国家保护各种所有制经济产权和合法利益，健全以公平为核心原则的产权保护制度，推进产权保护法治化。

在产权保护中，知识产权的保护尤为重要。技术创新是企业的核心竞争力，知识产权保护有利于减少和杜绝山寨产品和假货，保护创新者的合法权

---

① 李克强在十三届全国人大一次会议记者会答中外记者提问时的讲话，见央视网2018年3月20日。

② 中共中央　国务院：《中共中央　国务院关于完善产权保护制度依法保护产权的意见》，见新华社2016年11月27日电。

益，提高创新的回报，从而企业才能有足够的资金和动力投入长期的研发项目，持续创新产品和技术。反之，如果知识产权得不到有力保障，企业因为担心无法得到预期的创新回报，会减少在创新研发部门的经费投入。加强知识产权的保护力度，就是保护创新的火种，是实现科技成果向现实生产力的转化的必要条件，激励人们发明创新，建设创新型国家。

2008 年 6 月我国发布了《国家知识产权战略纲要》，之后一直实施知识产权保护措施。2014 年 11 月，国务院常务会议部署加强知识产权保护和运用，助力创新创业，升级"中国制造"。2015 年国务院常务会议上再次强调知识产权保护的重要性，确定改革完善知识产权制度的措施，保障和激励大众创业万众创新。2016 年"两会"上，李克强总理在《政府工作报告》中明确提出，要加强知识产权保护和运用，依法严厉打击侵犯知识产权和制假售假行为。党的十九大报告强调，要倡导创新文化，强化知识产权创造、保护、运用。习近平总书记主持召开十九届中央全面深化改革领导小组第一次会议并发表重要讲话，强调树立保护知识产权就是保护创新的理念。

当前我国正在进行供给侧结构性改革，就是要提升产品的核心技术能力，向全球产业链的高端延伸，那么就一定要完善知识产权保护法制化，为企业的创新成功提供保障。2018 年 3 月，国务院办公厅印发了《关于加强知识产权审判领域改革创新若干问题的意见》，提出要建立体现知识产权价值的侵权损害赔偿制度。通过法律保护知识产权是最有效、最根本、最权威的手段，要加大对侵害知识产权行为惩罚力度，让侵权者付出沉重代价，从而遏制和威慑潜在侵权行为，实现对知识产权的严格保护。

因此，政府有责任保护市场主体的产权，营造产权不容侵犯的市场环境，激励群众和企业进行科技研发，让创新成果造福人民，建设创新型国家，实现经济高质量发展。

4.3 优化服务，建设服务型政府

政府在应对和解决公共事务中占有举足轻重的地位，经济、社会的平稳运行和快速发展离不开政府的服务。因此，转变政府职能一定要加强政府提供服务的能力，优化服务质量，提升服务效率。把为人民服务作为政府的根本宗旨，把让人民过上好日子作为政府的重要职责，切实从人民的需求出发，实现从管制型向服务型的模式转变，把政府职能的重心转移到为人民提供优质的公共产品和公共服务上来。党的十九大报告指出，建设人民满意的服务型政府，

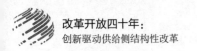

就是要建设以人民为中心的政府，把人民的满意程度作为评价政府工作的标准。

4.3.1 强化政府公共服务职能

政府公共服务是指基于一定的社会共识，为实现特定的公共利益，一国全体公民应公平、普遍享有的服务。[①] 政府公共服务最根本的意义就是要提供社会公众需要的产品和服务，满足大众对社会的要求，由整个社会共同使用，因此提供公共服务是政府的重要任务。随着我国经济的进步和生活水平的提高，人民对公共服务的要求也在不断提升，政府有责任和义务强化公共服务供给能力，满足日益增长的公共服务需求。党的十七大报告提出，加快推进以改善民生为重点的社会建设，积极解决好教育、就业、收入分配、社会保障、医疗卫生和社会管理等直接关系人民群众根本利益和现实利益的问题。这就要求政府强化公共服务职能，建设公共服务体系，构建人民幸福生活的和谐社会。

政府在公共服务供给中占据主体地位。要发挥政府的主导作用，首先要加大财政支持力度，提高社会公共服务支出在财政总支出中的比重，建设惠及全民的公共服务体系，让每个人都享受到政府给予的福利，提升人民幸福感。公共服务供给要重视公平正义，关键在于实现公共服务均等化，让人民享有同等机会，从而减少地区发展不平衡现象。提供公共服务也要坚持可持续发展，根据经济发展水平相应地提升公共服务供给水平，逐步实现公共服务体系的建设目标。

"十三五"规划建议认为我国公共服务应从以下几个方面改进：一是要增加公共服务供给，坚持普惠性、保基本、均等化、可持续方向，从解决人民最关心最直接最现实的利益问题入手，增强政府职责，提高公共服务共建能力和共享水平。二要加强义务教育、就业服务、社会保障、基本医疗和公共卫生、公共文化、环境保护等基本公共服务，努力实现全覆盖。三要加大对革命老区、民族地区、边疆地区、贫困地区的转移支付，加强对特定人群特殊困难的帮扶。[②] 公共服务的改进要抓住关键问题，李克强总理也曾多次强调"切实兜住民生底线"，[③] "一些地区财政收支压力加大，但再困难也要保住基本民生、

---

① 杨宜勇，邢伟：《公共服务体系的供给侧改革研究》，《人民论坛·学术前沿》，2016 年第 5 期，第 70—83 页。

② 中共中央　国务院：《中共中央关于制定国民经济和社会发展第十三个五年规划的建议》，见新华社 2015 年 10 月 29 日。

③ 李克强在十二届全国人大三次会议上的讲话，见中国新闻网 2015 年 3 月 5 日。

兜住底线。要不断完善社会保障制度，地方各级政府一定要不折不扣落到实处。"[1]

在供给侧改革过程中，强化政府公共服务职能，推进公共服务体系建设，增强公共服务供给，是实现共享发展的重要途径，对实现社会公平正义和构建社会主义和谐社会具有重大意义。

4.3.2　创新公共服务供给方式

建设公共服务体系，关键在于转变公共服务供给方式，进行服务供给侧改革，将原先全部由政府提供转变为公共服务供给主体多样化格局，打破国家在公共服务领域的垄断局面，将部分原先由政府承担的公共服务转移至非政府组织，形成多种运营主体竞争机制，提供公共服务供给效率，实现资源的有效配置。

中共十八届五中全会明确指出，创新公共服务供给方式，能由政府购买服务提供的，政府不再直接承办；能由政府和社会资本合作提供的，广泛吸引社会资本参与。在基本公共服务由政府承担的前提下，允许多种主体进入公共服务市场，有利于激发政府和其他组织的服务热情，提升公共服务的供给效率。同时，由非营利组织填补公共服务中政府缺失的领域，满足群众的多样化需求，降低政府提高公共服务的成本，提高公共服务供给质量。"十三五"规划提出推进政府职能以公共服务为中心转变，重点在于加快实现政府购买公共服务，争取到 2020 年在全国基本建立起比较完善的政府向社会力量购买公共服务的体制机制。

实现政府购买公共服务的前提在于健全民办社会组织，主要有以下四个方面：

第一，要明确政府和民办社会组织的工作界限。将政府职能和社会组织职能划分清晰，避免出现相互之间职权重复、利益交叉的现象。同时，政府和社会组织要加强协调，要避免二者同时空缺导致职位缺失的情况，保证公共服务覆盖全面到位。

第二，要加强政府对民办社会组织的监管。社会组织的运营要以政府的管理为保障，要强化对民办社会组织的资格认证并完善之后的审查制度，确保社会组织合法运营。同时，也要维护社会组织的独立性，避免政府的直接干预，

---

① 李克强在全国推进简政放权放管结合优化服务改革电视电话会议上的讲话，见新华社 2016 年 5 月 22 日电。

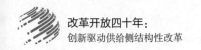
保证其法人地位。

第三，要健全政府购买服务机制。近年来政府推行 PPP 治理模式，发展政府和社会资本合作，鼓励私营企业和民营资本与政府合作，参与公共基础设施的建设，这就是政府加大社会购买力度的充分体现。政府通过购买服务向社会组织授权，实现了简政放权的职能转变，同时提高了社会组织参与经济活动的积极性，加强了公共服务供给质量。

第四，要加强社会组织服务质量。社会组织提供优质到位的公共服务是政府购买服务的重要前提，要严格整顿信用不良、服务能力不足的社会组织，提高民办机构从业人员的素质，对组织成员进行严格考核和有效培训，并且进行定期审核以确保在职人员的工作质量。

完善公共服务供给体系就是要创新公共服务供给主体，减少政府对市场的干预，由社会组织承接部分政府职能。要确保民办社会组织脱离政府独立运行，培养社会组织独立提供公共服务的能力。在民办机构和公办机构之间形成公平竞争机制，调动双方的积极性，协调合作共同满足民众的服务需求。建立服务市场，完善政府向社会购买公共服务的机制，有效整合各个环节的资源，提高资源使用效率，让优质公共服务惠及大众。

4.3.3 优化政务服务，提高行政效率

政务服务涉及各类市场主体和千家万户，是群众、企业与政府打交道最多的方式。建设服务型政府，优化政务服务不容忽视，要提高办事效率，提供为人民行方便的政府服务，只有高效运行的服务型政府才能成为让人民满意的政府。优化政务服务也是简政放权和放管结合的重要表现，让政府把工作核心放在服务群众上，改进服务质量，提高服务效率。

优化政务服务就是要简化服务流程、创新服务方式，提高政府行政效率，让群众和企业办事更加方便快捷。尤其在我国推行大众创业万众创新的关键阶段，优化政府服务就是建立有利于群众和企业创业创新的良好环境，减少行政干预和行政审批，减少创业创新的成本，在创业创新过程中为群众和企业扫清障碍，让人民群众享有更加平等的机会和更大的创造空间，助力于我国创建自主创新型国家。

2016 年政府工作报告提出，大力推进"互联网＋政务服务"，实现部门间数据共享，让居民和企业少跑腿、好办事、不添堵。"互联网＋政务服务"就是优化政务服务，创新服务方式的重要体现。把互联网和政务服务相结合，采用信息采集、信息监控等新型技术手段，通过互联网采集和输送信息，让信息

传递更快速，大大缩减信息采集成本和储存成本。

除了技术手段的升级，"互联网＋政务服务"更意味着政府部门行政理念的进化升级。通过互联网将政府的大数据共享，整合政府部门的各项流程，减少管理层级，让群众和企业更便利地了解办事流程，政府工作更加公开透明，加强政府对群众意见的反馈，形成政府和群众的良性互动。从原先政府为主的单边治理体系转化为政府、市场、民间组织和公众个人互通交流的多方治理体系，增强政务服务的主动性、精准性和便捷性，为建设服务型政府提供有力保障。

4.4 激活生产要素， 优化资源配置

我国的供给侧结构性改革，核心在于通过制度创新，激发和释放要素活力[1]。"十三五"规划建议提出要优化劳动力、资本、土地、技术、管理等要素配置，激发创新创业活力，推动大众创业、万众创新，释放新需求，创造新供给，推动新技术、新产业、新业态蓬勃发展，加快实现发展动力转换。优化要素资源配置要加快要素资源产业间和区域间流动，提高要素资源配置效率，推进要素升级，让市场在要素资源配置中起决定性作用，使劳动力、土地、资本等要素潜力得到充分发挥。

4.4.1 优化劳动力配置，提升人口素质

劳动力要素在我国经济增长过程中起着重要的推动作用，改革开放四十年以来，我国凭借廉价劳动力的优势，迅速发展成为世界制造业大国。但是，随着人口老龄化的程度加深，劳动力数量减少，曾经的"人口红利"正在逐渐消失，甚至很多地方出现"民工荒"的现象，有效劳动力供给短缺严重制约了我国经济发展。同时劳动力供给结构出现问题，低素质和低技能劳动人口比重较大，高素质和高技能的创新型人才严重不足，从而难以满足当前社会对高端劳动力的需求。随着供给侧改革过程中"去产能"的实施，大批"僵尸企业"面临破产重组，将会有更多低端劳动力流入到劳动市场中去，导致劳动力供需不匹配的问题日益严重。我国正在从制造业大国向制造业强国转变，但是当前的劳动力结构难以满足我国产业转型升级的要求，急需各种技术型人才发展核心技术，增强自主创新能力，提高企业竞争力，向全球产业链中高端迈进。

---

① 楚明钦：《产业发展、要素投入与我国供给侧改革》，《求实》，2016 年第 6 期，第 33—39 页。

　　劳动力要素进行供给侧改革，首先要放开生育政策，补充人口红利。我国过去的经济增长动力主要来源于充足的劳动力，15～64 岁劳动年龄人口总数和占比均逐年递增。但是 2010 年以后出现了变化，我国劳动年龄人口总数停滞不前，占比水平出现了下降趋势，相较于 2010 年劳动年龄人口占比 74.5%，2016 年下降了 2% 跌至 72.5%（如图 4-1 所示）。截至 2017 年底，我国 60 岁及以上老年人口有 2.41 亿人，占总人口 17.3%，我国老龄化现象越来越凸显。"十三五"规划建议提出，全面实施一对夫妇可生育两个孩子政策，积极开展应对人口老龄化行动，为我国劳动力补充提供动力，有效增加劳动力供给。

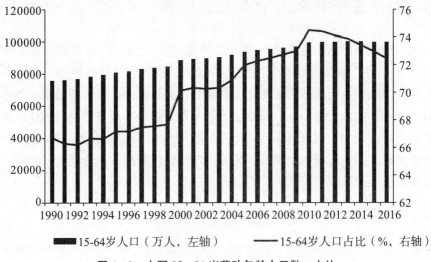

图 4-1　中国 15～64 岁劳动年龄人口数、占比

资料来源：国家统计局 http://data.stats.gov.cn/index.htm。

　　其次，推进户籍制度改革，加快劳动力要素流动。2014 年 7 月，国务院出台的《推进户籍制度改革的意见》提出，到 2020 年，努力实现 1 亿左右农业转移人口及其他常住人口在城镇落户①。现在户籍制度改革依然是劳动力要素供给改革的重点，"十三五"规划建议明确提出户籍人口城镇化率加快提高。建立完善的户籍制度，将外来人口纳入政府管理的范围，提供应有的公共服务和公共产品，有利于加快劳动力城乡间、地区间流动。人口流动是商品经济发展的必然结果，国家应该鼓励、支持和引导人口的正常、合理流动，建立更加灵活的户籍管理制度。同时，当前二三线城市房地产库存过剩问题严重，进行

―――――――――――

　　①　国务院：《国务院关于进一步推进户籍制度改革的意见》，人民出版社，2014 年 8 月。

户籍制度改革，加快农村人口城镇化有助于扩大需求、消化房地产库存。

最后，重视教育，提高劳动力素质。要改变我国当前劳动力供需矛盾，增加高素质劳动力供给，培养创新型人才，发展高水平教育是重中之重。要加大教育投入力度，做到《乡村教师支持计划（2015—2020 年）》强调的"让乡村孩子也能享受有质量的教育，阻止贫困现象代际传递"，改善教育公平，提高整体人口素质。通过提高职业教育技术含量，建立完善企业技能培训体系和激励机制，创新人才培养模式，要培养技能型劳动力，打造创新型高素质人才，将"人口红利"转变为人力资本红利。营造大众创业万众创新环境，建立开放、透明、平等、规范的创新创业准入制度，让市场在劳动力资源配置中起决定性作用，引导人才自由流动，让高素质、高技能、创新型劳动力得到应得的高报酬，充分激发人力资源的主观能动性。

4.4.2　优化土地配置，促进土地流转

土地是经济活动的重要载体，无论在城市还是在农村，土地都是经济发展的源泉。我国城市和农村土地分割，相互之间无法自由流转。农村土地被政府采用征收方式转化为城市用地，农民无法得到与土地价值等价的补偿，导致土地价格扭曲，损害了农民的利益。对于城市用地，存在商品房库存量过大，而保障性住房不足的供需错配问题。同时"地王"价格频出，房地产价格虚高，泡沫化严重。随着我国工业化、城市化进程加快，大量农民进入城市工作，农村住房闲置，但是大量宅基地流转仅仅限于村组内，同时宅基地价格过低导致村民缺乏宅基地买卖积极性。城市用地价格过高形成巨大的购房压力，而农村宅基地价格过低难以流转，两者之间的矛盾进一步加重了我国土地供给的结构性问题。

土地要素供给侧改革最重要的是要打破城乡土地界限，将城市用地和农村用地进行有序统一，逐步推进农村人口市民化。完善农村土地承包关系，引导农地经营权有序流转，提高农村土地利用率。建立统一的土地交易平台，形成市场化的土地交易机制，实行农村集体经营性建设用地和国有土地同等入市，减弱政府的干预，让市场在土地要素配置中起决定性作用。同时，要控制农村用地的适度经营，加强政府监管，防止农村土地用于不正当用途。要继续坚持严格的耕地保护制度，守住"18 亿亩耕地红线"，[①] 划定永久基本农田。

---

① 引自《中华人民共和国国民经济和社会发展第十一个五年大规划纲要》，见中国政府网 2006 年 3 月 14 日。

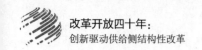

城市用地要强化有效供给，合理规划城市用地，控制房地产用地供应，加大教育、医疗、养老、交通等公共服务用地，支持有关创业创新的新兴产业的发展用地，扩大保障性住房用地，满足人民的基本生活需求。对城市用地进行合理定价，避免地价过高，减轻地方政府财政上对于土地出让的过度依赖现象，降低土地出让价格，抑制房价上涨趋势，缓解企业的用地成本压力。通过处理"僵尸企业"，加快闲置土地再配置，推进低效利用土地重新开发。

4.4.3 优化资本配置，发展新兴产业

资本要素对我国的经济发展起着重要作用。相关数据显示（如图4-2所示），2005年至2016年资本形成总额对国内生产总值的贡献率达到平均每年50.14％，拉动GDP增长平均每年4.6个百分点。2008年金融危机以后，为了扩大内需，刺激经济增长，我国政府投资4万亿元，资本形成总额贡献率在2009年达到峰值86.5％，拉动GDP增长8.1个百分点。近年来，资本形成总额对国内生产总值的贡献率和拉动作用整体呈现下降趋势，到2016年分别跌至42.2％和2.8个百分点。资本要素投入推动了我国城镇化和工业化发展进程，未来经济的发展依然需要资本要素投入。但是当前我国资本市场呈现出以间接融资为主，直接融资所占比重较低的现象，根据国家统计局发布的数据，2016年我国社会融资规模增量为178159亿元，其中企业债券和非金融企业股票融资共计42441亿元，仅占融资增量总额的23.82％。直接融资比重过低，间接融资比重过高带来高杠杆率，导致我国金融风险加大。同时，资本市场出现了严重的资金空转现象，导致大量资金未能流向实体经济，企业融资成本上升，金融市场风险加剧。"僵尸企业"占据大量资金却难以进行有效利用，而急需资金的创新创业企业面临融资难、融资贵的问题，资金的不合理配置是我国当前"大众创业，万众创新"发展进程中必须要解决的问题。

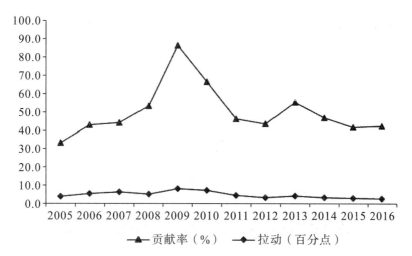

图 4-2　资本形成总额对国内生产总值的贡献率和拉动

资料来源：中华人民共和国国家统计局，《中国统计年鉴——2017》，中国统计出版社，2017。

　　目前资本要素供给改革的重点在于，通过完善资本市场机制，有效引导资金流动，建立多层次的资本市场，满足中小企业的融资需求，支持创新型企业和新兴产业发展，助力创新驱动战略实施。首先，政府部门要简政放权，激发市场活力，让资本价格真正成为引导资金配置的决定性因素。逐步放宽民间资本进入金融领域的限制，积极发展民营银行业务，以满足多方融资主体的多样性需求。其次，政府要加强对资本市场的监管，对于内幕交易、虚假披露、操纵市场等不法行为进行严厉打击，完善信用评级体系，保护市场投资主体的权益，严格防范金融市场风险。最后，要通过建立多层次的资本市场，拓宽融资渠道，引导资金流向创新创业企业，深化创业板和新三板改革，提高对科技型初创企业的扶持力度，为发展创新驱动战略提供融资支持。鼓励资金流入教育、医疗、文化等公共服务流域，鼓励资金投入绿色经济产业，促进经济结构转型升级，形成低碳、环保、资源有效利用的绿色经济。

不论经济发展到什么时候，实体经济都是我国经济发展、在国际经济竞争中赢得主动的根基。[①]

——习近平

第5章

供给侧改革推动中国实体经济发展

当前，全球经济复苏势头有所趋缓，我国经济进入新常态，经济发展不可持续的问题突出。2011年的中央经济工作会议明确指出，要牢牢把握发展实体经济这一坚实基础，努力营造鼓励脚踏实地、勤劳创业、实业致富的社会氛围。[②] 所谓实体经济，是经济运行以有形的物质为载体、进入市场的要素以实物形态为主体的经济活动，包括第一产业、第二产业以及第三产业中除金融业之外的其他产业。实体经济直接创造物质财富，是社会生产力的集中体现，也是一国综合国力的物质来源和国民经济的立身之本。面对复杂多变的国际政治经济环境和国内经济运行的新情况新变化，实体经济的发展是重中之重。发达稳健的实体经济，对提供就业岗位、改善人民生活、实现经济持续发展和社会稳定具有重要意义，是一个国家经济健康发展的基础。中国经济是个大块头，要强身健体就绝不能走单一发展、脱实向虚的路子。党的十九大对建设现代化经济体系作出全面部署，首先就强调必须把发展经济的着力点放在实体经济上。习近平这一论断，为中国经济发展把准了方向。只有把实体经济抓实抓好，中国经济质量优势才能不断增强。

---

① 习近平参加十二届全国人大五次会议辽宁代表团审议时的讲话，见新华社2017年3月8日电。
② 习近平在2011年中央经济工作会议上的讲话，见人民网2011年12月12日电。

5.1 实体经济发展的现状与蓝图

当前，我国实体经济的发展进入攻坚期，制造业转型升级面临诸多困难。为了进一步改善中国制造业"大而不强"的局面，进而在国际竞争中占据有利地位，国务院立足于国际产业变革大势，发布了《中国制造2025》，以期提升"中国制造"的含金量，助力我国从"制造大国"向"制造强国"的转变。

5.1.1 制造业转型升级面临的形势与困难

制造业是实体经济的核心，也是振兴实体经济的主战场。经过几十年的快速发展，我国制造业规模跃居世界第一位，建立起了门类齐全、独立完整的制造体系，成为支撑我国经济社会发展的重要基石和促进世界经济发展的重要力量。但我国仍处于工业化进程中，和发达国家相比还有一定差距，制造业大而不强，要在十年内由制造大国发展为制造强国，还面临诸多困难。

首先，最突出的问题就是总体技术水平落后，自主创新能力不足。目前，我国所需的许多核心零部件都需要进口。近年来，我国工业企业研发投入、研发强度、研发投入产出等指标都有较为明显改善，但是，技术创新资源配置效率不高、科技成果转化率低等问题始终没有很好地解决。我国大中型工业企业的研发费用不足主营业务收入的 1%，远低于发达国家 2.5% 的平均水平[①]。科技创新投入的不足，直接影响到制造业技术水平的提升。

其次，制造业产出效率整体偏低，产品附加值不高。如图 5-1 所示，在全球产业链中，我国位于"微笑曲线"底部区域，处于低附加值、中低端环节，主要从事技术含量低、附加值低的制造加工工作，在附加值较高的研发设计环节缺乏竞争力，在耗费资源造成环境污染的同时，利润率却不够理想。据联合国工业相关组织资料显示，我国制造业人均附加值仅在世界排名 50 位左右。

---

① 燕玉：《中国制造业为何"大而不强"，如何突围》，《人民论坛》，2017（10）。

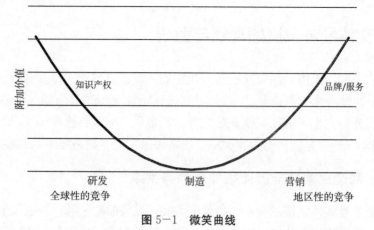

图 5-1 微笑曲线

资料来源：根据公开资料整理。

微笑曲线是一条说明产业附加价值的曲线。横轴从左到右依次代表产业的上中下游，左边是研发，中间是制造，右边是营销；纵轴代表附加价值的高低。以市场竞争形态来说，曲线左边的研发是全球性的竞争，右边的营销是地区性的竞争。

最后，资源能源利用效率低，产能过剩问题突出。长期以来，中国工业主要依靠资源能源等要素投入来实现规模扩张、推动经济增长，资源能源消耗量大、利用效率低。如图 5-2 所示，2013 年以来我国工业企业产能利用率一直在 75% 上下波动，有待进一步提高。同时，虽然我国在降低能耗方面取得了一些成果，但是能耗强度与世界平均水平及发达国家相比仍然偏高，据国家统计局数据，2017 年我国单位国内生产总值能耗约为 3.3 吨标准煤/万美元，接近世界平均水平的 2 倍。与发达市场经济国家偶发的周期性、局部的产能过剩相比，中国产能过剩呈现多领域、程度严重、持久且易于复发等特点[1]，产能过剩越来越成为我国经济运行中的突出矛盾和诸多问题的根源。

---

[1] 郭朝先，王宏霞：《中国制造业发展与"中国 2015"规划》，《经济研究参考》，2015（31）：3-13.

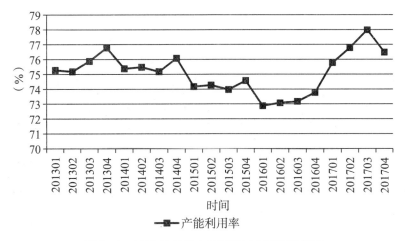

图 5-2　2013 年以来中国季度工业产能利用率

资料来源：国家统计局 http://data.stats.gov.cn/index.htm。

5.1.2　振兴实体经济的国际经验

2008 年金融危机后，作为危机策源地的发达国家损失惨重，在此背景下，世界主要发达国家和地区都在调整发展战略，期望通过科技创新促进战略性新兴产业发展，实现"再工业化"。当前，新一轮科技革命和产业变革正在发生，为了在以智能制造为主导的"第四次工业革命"中占领先机，许多国家先后出台了新的科技创新和产业振兴战略。

如表 5-1 所示，在世界主要经济体中，进行战略调整最早、最具有代表性的是美国和德国。早在 2009 年，美国政府就出台了《美国创新战略》，随后，陆续推出了"再工业化战略""先进制造业国家战略计划"等指导经济复苏的战略规划，以推动制造业回流与振兴。为在竞争中占据优势，德国政府于 2013 年出台了"工业 4.0 战略"和"2020 高科技战略"，旨在加快推进制造业网络化、智能化，以保持自己的制造业在国际上的领先地位。纵观这些国家科技发展战略，不难看出都对战略性新兴工业、绿色低碳、科技创新投入给予了高度重视，对高尖人才的争夺愈加激烈。

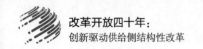
表 5－1　国外实践经验

国家	提出时间	核心	主要内容
美国	2012.02	先进制造伙伴计划	1. 加速对先进制造的投资，特别是对中小型制造企业； 2. 开发一个更加适应岗位技能要求的教育和培训系统； 3. 优化联邦政府对先进制造 R&D 投入； 4. 增加公共和私营部门对先进制造 R&D 投入； 5. 加强国家层面和区域层面所有涉及先进制造的机构的伙伴关系
德国	2013.04	工业 4.0	1. "智能工厂"，智能化生产系统和网络化分布式生产设施的实现； 2. "智能生产"，企业生产物流管理、人机互动以及 3D 技术等； 3. "智能物流"，发展互联网、物联网、物流网
日本	2013.06	再兴战略	1. 日本产业复兴计划，复苏能够在全球竞争中胜出的制造业，创造具有高附加值的服务业； 2. 战略市场创造计划，实现清洁、经济的能源供应和需求，建设安全、便利且经济的新一代基础设施； 3. 国际拓展战略，积极拓展世界市场，扩大对内直接投资，吸引世界的人才、物力、资金等
法国	2013.09	新工业法国	1. 一个核心，即"未来工业"，实现工业生产向数字制造、智能制造转型； 2. 九大支点，包括大数据经济、环保汽车、新资源开发、现代化物流、新型医药、可持续发展城市、物联网、宽带网络与信息安全、智能电网等
英国	2013.10	制造的未来	1. 更加系统地完整地看待制造领域的价值创造； 2. 明确制造价值链的具体阶段目标； 3. 增强政府长期的政策评估和协调能力
韩国	2016.08	新增动力战略	敲定九大国家战略项目，包括人工智能、无人驾驶技术、轻型材料、智慧城市、虚拟现实、粉尘、碳资源、精密医疗和新型配药学

资料来源：根据公开资料整理。①

　　这些国家的实践经验对于我国扎实推进"中国制造 2025"、提高企业的国际竞争力有着重要的启示意义。新一轮工业革命与我国加快转变经济发展方式形成历史性交汇，国际产业分工格局正在重塑，我国必须紧紧抓住这一重大历史机遇，按照"四个全面"战略布局要求，实施制造强国战略，加强统筹规划和前瞻部署，力争通过三十年的努力，到新中国成立一百年时，把我国建设成

---

　　①　参见《确保美国先进制造业领导地位》《德国 2020 高技术战略》《日本再兴战略》《新工业法国》《未来制造业：一个新时代给英国带来的机遇与挑战》《新增长动力规划及发展战略》等。

为引领世界制造业发展的制造强国，为实现中华民族伟大复兴的中国梦打下坚实基础。

5.1.3 促进实体经济发展的路径选择

信息技术快速发展推动制造业向数字化、智能化方向发展，是不可逆转的趋势。扎实推进实体经济发展，推动制造业转型升级，是应对新一轮科技革命和产业变革、打造国际竞争新优势的战略选择。不论未来科技如何发展，产业结构如何高级化，都应当重视制造业的地位，始终对产业空心化的危害保持高度警惕。我们应当立足于中国基本国情，在借鉴其他发达经济体发展科技创新战略实践经验的基础上，充分发挥政府的引导作用，为将我国建设为制造强国而不懈努力。

第一，简政放权，推进混合所有制改革。我国四十年改革开放实践充分证明，能否正确处理好政府与市场关系，是我国改革事业，特别是经济体制改革成败的关键环节。迄今为止，国有企业仍然在相当多的行业内占据垄断地位，这不利于市场在资源配置中发挥应有的作用。政府的主要任务应当是维护市场公平竞争，充分激发市场活力和创造力。所以，我们要进一步简政放权，减少审批，简化程序，营造公平透明、快捷有序的准入环境和高标准法治化营商环境。同时，推进国企的混合所有制改革，打破壁垒，为民营企业带来更为宽松的市场环境，实现国企、民企共赢。

第二，降低税率，提升投资的预期收益率。减税是各国的供给侧改革的主要举措之一，在减轻企业负担、提高利润率方面有着突出的效果。投资回报率不理想是资金流出实体经济的主要原因，只有切实提高实体经济的投资回报率，才能吸引更多的资金投入。减税可以在短期内降低企业经营成本，进而降低经济的整体运行成本，有利于提高企业的利润率，稳定经济增长，吸引更多资金流入实体经济。

第三，提升企业的自主创新能力。科技创新是经济发展的核动力，创新是提升企业核心竞争力的战略选择，也是提高企业综合竞争力的必然选择。只有以科技创新带动企业转型升级，才能使得企业真正转变经济增长方式，拥有更强的竞争力。切实提升企业的自主创新能力，首先需要政府加大政策扶持力度，增加科研经费投入；其次应当进一步完善考核体系，鼓励企业创新；最后，建设公共科技创新平台，为企业提供与高校院所、科研机构等交流的平台。

第四，重视人才培养。当今世界，综合国力竞争日趋激烈，人才资源毫无疑问是经济社会发展的第一资源，综合国力竞争说到底是人才竞争，企业的发展依赖于人才的累积。习近平总书记 2013 年在欧美同学会成立 100 周年庆祝大会上指出，人才竞争已经成为综合国力竞争的核心，谁能培养和吸引更多优秀人才，谁就能在竞争中占据优势。[①] 我国劳动人口数量呈现明显的下滑趋势，这会使得企业的劳动力成本大幅提升，制约劳动生产率的提高，我国对人才的管理应该转向"质"的提升。

第五，创新金融体制，支持实体经济升级换代。近年来，虽然我国商业银行加大了对实体经济的投入，但是货币资金并没有有效进入实体经济领域，金融供给方面存在较大约束，如何提高资金供给与需求的匹配性是当前迫切需要解决的问题。针对我国金融市场的结构性失衡与功能不全，应当积极推进金融市场化改革，开发针对创新型、科技型和创业型等中小微企业的金融产品和服务，激发企业发展活力，在有效防范金融风险的前提下促进经济的可持续发展。

5.1.4 从"中国制造 2025"看中国实体经济发展蓝图

为了更快更好地发展我国制造业、提升我国产品的国际竞争力、应对发达国家和其他发展中国家"双向挤压"，国务院在 2015 年 5 月 19 日发布了《中国制造 2025》。这是在我国经济发展进入新常态的背景下，中央立足于国际产业变革大势为我国制造业发展制定的第一个十年的行动纲领，它可以说是供给侧结构性改革在制造业领域的具体蓝图，是将我国建成具有全球引领和影响力的制造强国的坚实基础。

"中国制造 2025"是全面提升中国制造业发展质量和水平的重大战略部署，中国大体需要 30 年左右的时间，通过"三步走"实现制造强国的战略目标。如图 5-3 所示，第一步，到 2025 年，中国迈入制造强国行列，制造业整体素质大幅提升，创新能力显著增强，全员劳动生产率明显提高，工业化和信息化融合迈上新台阶；第二步，到 2035 年，我国制造业整体达到世界制造强国阵营中等水平，创新能力大幅提升，全面实现工业化；第三步，新中国成立一百年时，制造业大国地位更加巩固，综合实力进入世界制造强国前列，建成全球领先的技术体系和产业体系。

---

① 习近平在欧美同学会成立 100 周年庆祝大会上的讲话，见人民网 2013 年 10 月 22 日电。

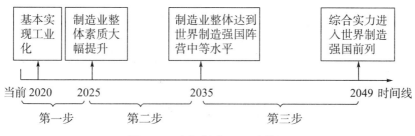

图 5-3　中国制造 2025 路线图

资料来源:《中国制造 2025》。

振兴实体经济,实现制造强国的战略目标,需要落实"中国制造 2025"这一顶层规划。如图 5-4 所示,"中国制造 2025"的框架包括 9 项战略任务和重点、8 个方面的战略支撑和保障。要完成强化工业基础能力、促进产业转型升级、培育有中国特色的制造文化的任务,就需要坚持创新驱动、质量为先、绿色发展、结构优化和人才为本五条方针,抓住全球产业竞争格局调整的战略机遇,协调好市场和政府的关系,坚持自主发展、合作共赢、立足当前、着眼长远,统筹规划、合理布局,提升我国制造业的整体竞争力,促进实体经济健康发展,最终实现制造业由大变强的历史跨越。

第四次工业革命正在进行,新一代信息技术产业、高档数控机床和机器人、航空航天装备、海洋工程装备及高技术船舶、先进轨道交通装备、节能与新能源汽车、电力装备、农机装备、新材料、生物医药及高性能医疗器械是未来发展的十个重点领域,要想在国际贸易格局中占据更为有利的位置,中国必须大力发展新兴重点领域①。此外,"中国制造 2025"还强调了国家制造业创新中心建设、智能制造、工业强基、绿色制造、高端装备创新五个重点工程,其中,"互联网+"是重中之重,推进信息化与工业化深度融合,是推进中国制造业发展的主线。

---

① 国务院:《国务院关于印发〈中国制造 2025〉的通知》,(国发〔2015〕28 号),见中国政府网 2015 年 5 月 19 日。

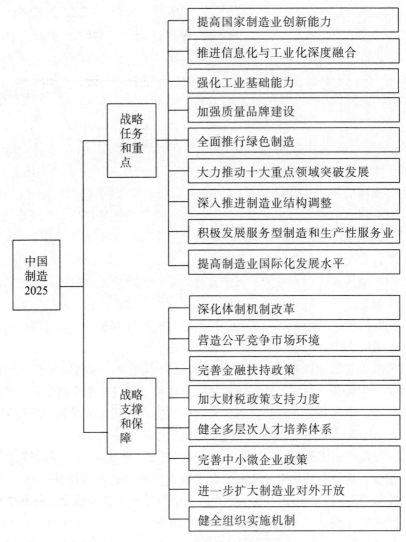

图 5—4　中国制造 2025 框架

资料来源：《中国制造 2025》。

5.2　推进实体经济供给侧改革：如何看，怎么办

当前，经济社会发展特别是结构性改革任务十分繁重，结构性矛盾的存在，严重拖累了实体经济的发展。习近平总书记在十九大报告上强调，建设现代化经济体系，必须把发展经济的着力点放在实体经济上，把提高供给体系质

量作为主攻方向，显著增强我国经济质量优势。① 如图 5—5 所示，要推进实体经济振兴，就必须在适度扩大总需求和调整需求结构的同时，更多地从供给侧发力，坚持稳中求进，把握好节奏和力度，通过供给侧结构性改革寻找经济增长新动力。实体经济的供给侧改革怎么改呢？关键就在于做好"加减乘除"四则运算。

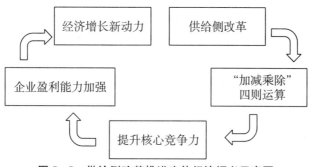

图 5—5　供给侧改革推进实体经济振兴示意图

5.2.1　加法：补齐短板，发展新兴产业

供给侧改革的"加法"的关键在于在补齐短板的同时，大力发展新兴产业，提高经济增长的质量和效益。习近平总书记在中共中央政治局第三十八次集体学习中强调，做加法就是扩大有效供给和中高端供给，补短板、惠民生，加快发展新技术、新产业、新产品，为经济增长培育新动力。②

当前，劳动力要素和资源要素是我国最为突出的短板。人口老龄化背景下，要改善中国面临的劳动力数量和质量不足的困境，需要政府提高居民生育意愿，以促进人口结构改善，同时重视教育的发展和人才的培养。资源要素的短板主要表现在资源利用效率较低以及环境污染等方面，解决的重点在于改革税制、提倡绿色发展，可以适当提高企业的资源税税率，将环境成本内部化，从而敦促企业提高能源的利用效率。但是，需要注意的是，补短板不是简单增加投资，而是要从满足需求、增加有效供给出发，注重提高质量和效益。

同时，要加大对新兴产业的扶持力度，重视新兴产业的发展。新一代信息技术与制造业深度融合，正在引发影响深远的产业变革，形成新的生产方式、产业形态、商业模式和经济增长点。第四次工业革命正在发生，人工智能、清

---

① 习近平在中国共产党第十九次全国代表大会上的讲话，见新华社 2017 年 10 月 27 日电。
② 习近平在中共中央政治局第三十八次集体学习时的讲话，见新华社 2017 年 1 月 22 日电。

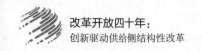
洁能源、机器人技术、量子信息技术、虚拟现实和生物技术是未来的发展方向，加大对这些产业的投入和支持，无论是对我国经济的增长，还是在未来的全球贸易投资中占据优势，都具有极其重要的意义。

5.2.2 减法：政府简政放权，企业清除过剩产能

供给侧结构性改革要的"减法"可以分为政府和企业两个层面，主要指在政府层面推行改革，降低企业成本，为企业减轻负担，激发微观经济活力。

在政府层面推行"减法"就是要简政放权，放松行政垄断管制。2015年的中央经济工作会议明确指出，要降低制度性交易成本，转变政府职能、简政放权，进一步清理规范中介服务。要正确处理好政府与市场的关系，提升要素供给的质量和效率。截至2017年2月，2013年以来国务院已分9批审议通过取消和下放行政审批事项共618项，其中取消491项、下放127项。彻底终结了非行政许可审批，工商登记前置审批精简85%，全面实施三证合一，一照一码，这些举措都是简政放权的可喜趋势。

企业层面的"减法"在于清除过剩产能。去产能是解决目前产品供过于求而引起产品恶性竞争的不利局面的有效方法，有助于推动企业的转型升级。那么，应该如何去产能呢？国家发改委副主任宁吉喆于2018年3月6日在国家发改委举行的新闻发布会上表示，去产能工作要做好"破、调、改、安"四个字。首先，破除无效供给，取消对落后产能和僵尸企业的不合理财政补贴、税收优惠，限期清理有违市场经济规律的地方保护性政策。其次，调整优化行业结构，从总量去产能，向结构、系统优产能转变，促进全行业健康发展。再次，加大僵尸企业破产清算力度，通过市场化运作的兼并重组，形成一批具有强竞争力的骨干企业。最后，做好职工安置和债务处置工作，可以借鉴日本在供给侧管理中设立特定萧条产业信用基金的做法，针对中国工业企业去产能设立类似的中央专项资金，对产能过剩企业转型给予政策资金扶持，并对地方化解过剩产能中的人员分流安置给予奖补。

5.2.3 乘法：创新驱动，挖掘经济发展新动力

创新是供给侧结构性改革的主线。习近平总书记在广东考察时指出，我们要大力实施创新驱动发展战略，加快完善创新机制，全方位推进科技创新、企业创新、产品创新、市场创新、品牌创新，加快科技成果向现实生产力转化，

推动科技和经济紧密结合。① 要解决目前中国面临的经济发展不可持续问题，关键就在于通过加强创新，开拓发展新境界，培养经济增长的"乘数因子"，为经济发展注入新动能。

创新首先在于制度方面。政府要转变职能，引导创新战略的推进，实行政府引导、市场主导，充分发挥市场的资源配置功能。第一，各级政府要营造有利于创新的制度和政策环境，注重对知识产权的保护，维护企业权益。第二，对符合国家产业政策导向的战略性新兴产业、绿色环保产业和现代服务业加大扶持力度，例如增加企业研发费用加计扣除比例。第三，健全和发展适合创新需要的多层次资本市场，拓展创新融资渠道。

创新的核心是科技创新。供给侧的基本主体是企业，正如邓小平同志多次强调的"科学技术是第一生产力"，要扎实推进供给侧改革，进一步扩大有效和中高端供给，科技创新是必由之路。如图 5-6 所示，2009—2017 年我国研究与试验发展（R&D）经费的绝对额和与国内生产总值比的相对值都不断上升，我国越来越重视科研创新，研发投入持续增长。以提高发展质量和效益为核心，发展新技术带动新产业，综合施策，精准发力，有助于振兴我国实体经济，将我国早日建设成为制造强国。

图 5-6 2009—2017 年 R&D 经费

资料来源：中华人民共和国国家统计局，《中国统计年鉴——2017》，中国统计出版社，2017。

――――――――――

① 中共中央文献研究室：《习近平关于科技创新论述摘编》，中央文献出版社，2016 年 1 月。

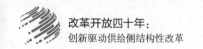
5.2.4 除法：平稳降低杠杆

高杠杆率的风险在于容易引发经济危机。当经济过热时，企业的投资生产、居民的消费热情高涨，这常常伴随着杠杆率的提升，加剧了经济和金融的脆弱性；等到市场开始走下坡路时，杠杆效应的负面作用开始凸显，风险被迅速放大。去杠杆究竟怎么"去"？我们可以从计算杠杆率的公式中找到答案。

$$宏观杠杆率 = \frac{总负债}{国内生产总值} \tag{5-1}$$

从公式 5-1 中可以看到，想要降低杠杆率，要么降低总负债，要么提高国内生产总值。一般来说，大多数政府都会双管齐下，从两方面着力。从分子来看，去杠杆的关键就在于打破刚兑、减记债务，这可以从政府和企业两个方面着手。在政府层面，就是削减政府债务，对中国而言重点是地方政府债务，需要加强源头规范、严格政府举债程序、明确违规举债的责任追究制度。在企业层面，主要是降低债务融资、增加权益融资，必要的话可以对一些产能过剩的夕阳企业进行破产清算。从分母来看，要提高 GDP 实际增速，可以运用货币供给刺激需求、提高生产要素率等方法。我国近年来的宽松货币政策及去产能政策，目的都在于推高 GDP 平减指数，也就是广义通胀水平，不过，仅仅推高通胀，只是在转移债务，只有在温和通胀水平下推动居民消费、通过货币需求的刺激拉动投资，才能使得经济重新走向稳定增长。

5.2.5 四则混合运算

"加减乘除"四则运算并不是相互孤立的，它们紧密联系、相互贯通，是一个科学的、环环相扣的有机整体。2016 年 3 月 8 日，习近平总书记在参加十二届全国人大四次会议湖南代表团审议时提到，推进供给侧结构性改革，是一场硬仗。要把握好"加法"和"减法"、当前和长远、力度和节奏、主要矛盾和次要矛盾、政府和市场的关系，以锐意进取、敢于担当的精神状态，脚踏实地、真抓实干的工作作风，打赢这场硬仗。[①] 供给侧改革是一项系统工程，需要各部门协调配合、统筹兼顾。

所谓供给侧改革，就是针对结构性问题，从提高供给质量出发，使要素实现最优配置，提升经济增长的质量和数量，更好满足广大人民群众的需要，促进经济社会的持续健康发展。推进供给侧改革，要以创新为主线，补齐短板，

---

① 习近平参加十二届全国人大四次会议湖南代表团审议时的讲话，见新华网 2016 年 3 月 8 日。

降低杠杆率，淘汰过剩产能，切实推进政府的简政放权，支持新兴产业，清除经济发展路上的"拦路虎"。"四则混合运算"落实创新、协调、绿色、开放、共享五大理念，切实推进"中国制造 2025"，支撑经济增长，促进先进制造业的发展，从而为实体经济的转型升级注入新动力。

5.3 中国实体经济蓬勃发展

经过两年多的实践，我国供给侧改革初见成效，经济运行质量得到改善，经济发展新动能开始聚集。在以习近平同志为核心的党中央的领导下，各地区各部门全面贯彻落实党中央、国务院决策部署，以供给侧结构性改革为主线，推动结构优化、动力转换和质量提升，经济活力、动力和潜力不断释放，实体经济蓬勃发展。

5.3.1 工业生产增长加快，企业利润较快增长

受需求复苏、供给出清、成本费用降低等因素影响，工业企业利润快速增长，经济效益明显改善。如图 5-7 所示，2009 到 2017 年来中国工业增加值始终保持增长趋势，2017 年全国规模以上工业增加值比上年实际增长 6.6%，增速比上年加快 0.6 个百分点。这是我国自 2011 年来增速首次回升，再次证明了供给侧改革的正确性，我们要坚持以推进供给侧结构性改革为主线，促进经济平稳健康发展和社会和谐稳定。

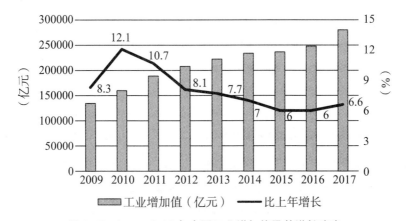

图 5-7　2009—2017 年中国工业增加值及其增长速度

资料来源：国家统计局 http://data.stats.gov.cn/index.htm。

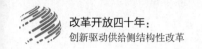
5.3.2 市场销售平稳较快增长，消费结构转型升级

我国消费品市场规模进一步扩大，市场发展动力加快转换，消费作为经济增长主要驱动力继续发挥作用。据国家统计局数据，2017 年我国全年社会消费品零售总额 366262 亿元，比上年增长 10.2%，增速比上年回落 0.2 个百分点，消费品市场总体平稳较快增长。如图 5-8 所示，2017 年按消费类型分限额以上企业商品零售额的平均增长率达到 10.2%，其中，化妆品类、家具类及通信器材类等升级类商品增速最快，分别增长 13.5%、12.8% 和 11.7%，市场需求旺盛，呈现良好发展态势。这从侧面反映了随着我国人民的收入越来越高，对提高生活质量的非必需品的需求不断提升。

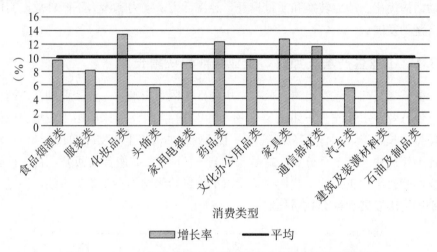

图 5-8 2017 年按消费类型分限额以上企业商品零售额增长率

资料来源：中华人民共和国国家统计局，《中国统计年鉴——2017》，中国统计出版社，2017。

5.3.3 居民消费价格涨势温和，工业生产者价格由降转升

进入经济新常态以来，我国经济增速放缓，通货膨胀率处于正常区间。如表 5-2 所示，2016 年来居民消费价格指数整体涨势温和，2017 年居民消费价格总体比上年上涨 1.6%，涨幅比上年回落 0.4 个百分点，经济增长平稳。按类型分类，医疗保健类居民消费价格指数增长最多，其次是教育文化和娱乐类居民消费价格指数，这代表我国居民对卫生健康、教育文化和娱乐产品的需求加大，从侧面反映了我国的消费品市场的结构升级。此外，2017 年工业生产

者出厂价格比上年上涨 6.3%，结束了自 2012 年以来连续 5 年下降的态势，这意味着在供给侧结构性改革稳步推进和相关政策逐步落实的推动下，工业经济触底企稳迹象逐渐显现。

表 5-2　2016 年以来居民消费价格指数

(上年同月=100)

	居民消费价格指数	食品烟酒类居民消费价格指数	衣着类居民消费价格指数	居住类居民消费价格指数	生活用品及服务类居民消费价格指数	交通和通信类居民消费价格指数	教育文化和娱乐类居民消费价格指数	医疗保健类居民消费价格指数	其他用品和服务类居民消费价格指数
2016.01	101.8	103.6	101.9	101.4	100.6	98.4	101.7	102.9	99.6
2016.02	102.3	105.8	101.6	101.3	100.3	98.4	100.9	102.8	100.4
2016.03	102.3	106.0	101.5	101.3	100.4	97.4	101.2	103.1	101.7
2016.04	102.3	105.9	101.5	101.4	100.5	97.6	101.2	103.2	101.7
2016.05	102.0	104.7	101.5	101.6	100.6	97.4	101.2	103.5	102.2
2016.06	101.9	103.7	101.4	101.6	100.6	98.2	101.4	103.8	102.6
2016.07	101.8	102.8	101.4	101.6	100.6	98.4	101.4	104.3	104.4
2016.08	101.3	101.5	101.3	101.5	100.4	98.8	101.3	104.3	104.5
2016.09	101.9	102.7	101.2	101.5	100.3	99.6	102.0	104.3	104.4
2016.10	102.1	103.0	101.3	101.8	100.4	99.6	102.1	104.8	103.6
2016.11	102.3	103.2	101.4	102.0	100.3	100.0	102.2	104.4	104.2
2016.12	102.1	102.2	101.1	102.1	100.4	100.9	102.3	104.6	104.0
2017.01	102.5	102.5	101.1	102.0	100.6	102.3	103.3	105.0	104.8
2017.02	100.8	97.6	101.2	102.5	100.5	101.7	101.8	105.1	103.1
2017.03	100.9	97.6	101.3	102.4	100.7	102.0	102.3	105.3	102.9
2017.04	101.2	98.2	101.3	102.4	100.8	101.8	102.6	105.7	103.4
2017.05	101.5	99.5	101.3	102.5	101.0	101.1	102.6	105.9	102.9
2017.06	101.5	99.8	101.4	102.5	101.1	100.1	102.5	105.7	101.4
2017.07	101.4	99.9	101.4	102.5	101.1	99.8	102.5	105.5	101.3
2017.08	101.8	100.4	101.3	102.7	101.3	100.7	102.5	105.9	101.4
2017.09	101.6	99.6	101.3	102.8	101.4	100.5	102.3	107.6	101.4
2017.10	101.9	100.3	101.2	102.8	101.5	100.8	102.3	107.2	101.8
2017.11	101.7	99.8	101.2	102.8	101.5	101.3	102.0	107.0	101.7
2017.12	101.8	100.3	101.3	102.8	101.6	101.2	102.1	106.6	101.9
2018.01	101.5	100.2	101.4	102.7	101.5	100.2	100.9	106.2	101.2

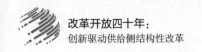
续表5-2

	居民消费价格指数	食品烟酒类居民消费价格指数	衣着类居民消费价格指数	居住类居民消费价格指数	生活用品及服务类居民消费价格指数	交通和通信类居民消费价格指数	教育文化和娱乐类居民消费价格指数	医疗保健类居民消费价格指数	其他用品和服务类居民消费价格指数
2018.02	102.9	103.6	101.1	102.2	101.8	101.5	103.7	106.0	101.7
2018.03	102.1	102.0	101.1	102.2	101.6	100.3	102.2	105.7	101.2
2018.04	101.8	101.1	101.1	102.2	101.5	101.1	102.0	105.2	100.9

资料来源：国家统计局 http://data.stats.gov.cn/index.htm。

5.3.4 去产能效果显著，创新发展持续发力

"三去一降一补"扎实推进，转型升级取得新成效。据国家统计局发布的数据，2017 年钢铁、煤炭年度去产能任务圆满完成，全国工业产能利用率为 77.0%，创 5 年新高，工业企业资产负债率比上年同期下降 0.5 个百分点。与此同时，政府加大了对科研经费的投入，航空航天、人工智能、深海探测、生物医药等领域涌现出一批重大科技成果，新产业新产品蓬勃发展，工业战略性新兴产业增加值比上年增长 11.0%，增速比规模以上工业快 4.4 个百分点。如图 5-9 所示，我国 2009—2017 年 R&D 的波动总体和 GDP 保持同步，但随着国家对创新越来越重视，从 2015 年开始，R&D 开始以倍于 GDP 的增速强势增长。

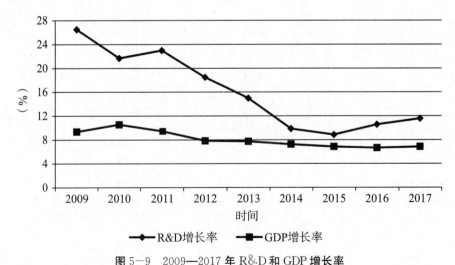

图 5-9　2009—2017 年 R&D 和 GDP 增长率

资料来源：国家统计局 http://data.stats.gov.cn/index.htm。

5.3.5 进出口规模进一步扩大，贸易结构继续优化

在世界经济温和复苏、国内经济稳中向好的大环境下，我国外贸发展的质量和效益进一步提升。海关总署数据显示，2017 年我国出口 153318 亿元，进口 124603 亿元，全年进出口总额 277921 亿元，比上年增长 14.2%，扭转了连续两年下降的局面。分季度看，2017 年进出口值分别为 6.17 万亿元、6.91万亿元、7.17 万亿元和 7.54 万亿元，呈逐季提升态势。如图 5-10 所示，在2017 年虽然初级产品仍然是我国出口商品的主要组成部分，但是工业制成品的金额和增速也在逐渐提升。以机电产品为例，2017 年该商品出口金额增长12.1%，占出口总额的 58.4%，比上年提高 0.7 个百分点，我国资本密集型产品的出口总额正在以远高于平均增速的速度增长。

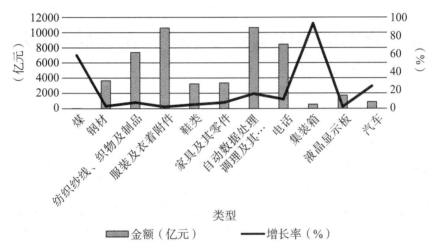

图 5-10 2017 年主要商品出口金额及增长速度

资料来源：国家统计局 http://data.stats.gov.cn/index.htm。

着力完善人才发展机制。要用好用活人才,建立更为灵活的人才管理机制,打通人才流动、使用、发挥作用中的体制机制障碍,最大限度支持和帮助科技人员创新创业。要深化教育改革,推进素质教育,创新教育方法,提高人才培养质量,努力形成有利于创新人才成长的育人环境。要积极引进海外优秀人才,制定更加积极的国际人才引进计划,吸引更多海外创新人才到我国工作①

——习近平

第 6 章

人力资本结构性调整与供给侧改革双向驱动

由于人口基数大、经济发展不均衡,中国教育地区发展水平不平衡。一是发达地区与落后地区基础教育水平差异明显,其次是不同地区高等教育培养人才质量差别较大。在这种不平衡情况下需要通过宏观调控政策、供给侧结构性改革,以提升人力资本供给质量。习近平总书记说:"我们坚持创新驱动实质是人才驱动,强调人才是创新的第一资源,不断改善人才发展环境、激发人才创造活力,大力培养造就一大批具有全球视野和国际水平的战略科技人才、科技领军人才、青年科技人才和高水平创新团队。"② 供给侧结构性改革对人力资本供给结构进行改革,除了增加劳动力供给、促进劳动力跨地区和跨部门流转之外,提高劳动力综合素质也是劳动力要素改革的重要内容。中国特色社会主义教育关注人的全面发展和成长,关注全体人民综合素质的共同提升和进步。教育的供给侧结构性改革需要从根本上改变人才培养模式和人才培养机制,坚持以人为本,结合社会发展需要,创新人才引进、培养、使用、评价机

---

① 《择天下英才而用之——十八大以来习近平关于人才工作重要话语摘编》,见中国人才网 2015 年 8 月 7 日。

② 习近平在中国社会科学院第十九次院士大会、中国工程院第十四次院士大会上的讲话,见新华社 2018 年 5 月 28 日电。

制。通过教育供给侧改革提升人才综合素质，调整人才质量结构，促进人力资本结构性调整，在数量不变的前提下，提升人力资本总量的积累。

从国内来看，我国发展进入了加快从要素驱动、投资驱动向创新驱动转变的新阶段，而创新驱动实质是人才驱动。然而目前我国人才培养制度建设不完善，创新环境发展滞后等问题依然存在并影响着国家创新力。我国人才状况区域不平衡，供给结构不合理，在高科技研发领域，仍存在高层次高学历创新型人才有效供给不足，人才质量结构与经济发展现实需求不相匹配，人才区域分布供给差异较大，呈现人才流动的"孔雀东南飞"现象。目前各地区开展的"人才争夺战"或"抢人大战"，简化人才落户程序，积极吸纳高学历高素质和创新创业人才。实施各项举措，目的是为了改善人口老龄化困境，增强本地经济活力，这不仅反映了各地区对人才的迫切需要，同时也反映了中国进入高质量发展阶段对人力资本的数量、质量、结构和分布提出的新要求。创新型人才培养，需要通过供给侧结构性改革，从人才需求调查到人才培养计划制定，再到人才分配使用，进行结构化和系统化改革。从根本上改变对人才培养和供需方面的无序混乱状态，才能避免人才浪费，真正实现人尽其才。

6.1 供给侧改革背景下教育转型发展

6.1.1 全面提升人口综合素质

习近平总书记指出，发展是第一要务，人才是第一资源，创新是第一动力。创新型人才是实现民族振兴，增强国际竞争力的首要资源。[①]创新型人才的培养和教育、发展和积累，为国家深化改革、扩大开放提供动力。在改革开放四十年之际，中国为实现经济高质量发展，不断深化供给侧结构性改革，主动适应经济发展新常态。在国家和社会发展过程中，坚持创新、协调、绿色、开放、共享五大发展理念。在人才培养过程中，坚持以市场为导向，国家宏观政策调节，大力培养创新型人才，提供社会发展急需的人才。回顾改革开放以来，尤其是近二十年，在出口加工贸易的高劳动力投入下，我国经济的迅速发展得益于人口红利。我国人口基数庞大，尤其是大量农村劳动力剩余，为经济发展提供了充足且低廉的劳动力供给。经过研究发现，人口红利仅仅是经济实

---

① 习近平在参加十三届全国人大一次会议广东代表团的审议时的讲话，见新华网 2018 年 3 月 7 日电。

现快速增长的"机会窗口"，并不是永久的动力源泉。近年来，我国人口老龄化趋势显著，出生率下降，青少年所占比重降低，人口红利下降，经济增速逐渐变缓。如今劳动力供给不足，劳动力成本上升，经济发展过程伴随着人口结构的改变，而这种改变又制约经济增长方式转变。怎样跨越"中等收入陷阱"，由中等收入国家上升为高收入国家，这就需要对人力资源质量进行供给侧结构性改革，因此今后要更加重视提升劳动力的质量培育，重视人才身体素质和心理素质以及创新能力提升，尽快以"人力资本红利"替代原来的"人口红利"。人力资本积累的创新能力和创造能力，能够发挥的作用和创造的价值，远远超过体力劳动。中国由世界工厂，升级为"中国智造"，人力资本供给质量结构必须同时转型升级。在供给侧改革中需要不断获取创新驱动，深化改革才能有持续动力开展，而创新来自人才的创新思维、创新意识、创新能力，因此，人才是创新的主体。教育对人的综合素质培养、潜能开发，发挥着重要的作用。教育在供给侧结构性改革的环流中占据重要位置，既是一切的开始，也是改革能否取得成功的最终保障，更是改革成果共享的主体和未来改革的接力者。脱离人的因素单独谈改革，忽视教育过程和育人环节，舍弃以人为本，改革难以获得续航的动力。

培养高素质人才，需要着力培养人健康、充满活力的体格，和健全、健康乐观的人格。我国著名教育家张伯苓认为，教育宗旨，系造就学生将来能通力合作，互相扶持，成为活泼勤奋，自治治人之一般人才。① 而我国社会主义现代化建设，要培养的是具有积极人生观的人，具有饱满精神、健康活力面貌的人，会学习、有大智慧的人，会合作、待人以宽的人，会生存、能独立生存的人。培养健全合格的人才，这是一个漫长的社会化系统化的过程，需要整个社会的共同努力，但这个过程，也是生成社会发展的潜在动力。德国著名教育学家斯普朗格认为，教育的最终目的不是传授已有的东西，而是要把人的创造力量诱导出来，将生命感、价值感唤醒。② 这样的人才具备奋发上进的信心，能够参与社会分工，投身社会发展建设。教育家雅斯贝尔斯认为："青年学生感到生活是严峻的，这是因为对他来说，现在比将来更具有决定性的意义，他还具有可塑性和发展的充分可能性。他已清楚地意识到要成为完整的人全在于自身的不懈努力和对自身的不断超越，并取决于日常生活的指向、生命的每一瞬

---

① 薛进文，侯自新：《张伯苓教育思想的现代启示——庆祝爱国教育家张伯苓先生诞辰 130 周年》，人民网，2006 年 4 月 4 日。

② 邹进：《斯普朗格文化教育学思想概览》，《外国教育》，1988 年第 3 期。

间和来自灵魂的第一冲动。"[①] 只有健康健全的灵魂，才能够培育合格的优质人才。教育中饱含的思想力量让学习者在受教育的过程中不断发生改变，成长蜕变，学有所成，经世致用。

培养优秀的高素质人才离不开优秀教师，优秀教师的思想引领，能促进人才成长。当代教师自身需要具备 21 世纪所需要的育人思维框架：在 21 世纪，"核心竞争力"思维是一种技能。通过师资培养，促进教师具备人力资源开发思维框架的相关能力。

教育带给个体发展的影响是基础性的，通过现代高素质的教育，促进个体宏观思想的拓展，使其看得更高远，想得更宏大，用思想引领正确行动，脚踏实地，坚定每一步。现代高素质的教育方式和教育技术，促进个体获得国际视野，理解古今人类文明发展，具备思考人类问题的意识，把握世界经济发展规律，做好未来迈进国际舞台的准备。现代高素质的教育启发个体的问题思维，促进人才了解真实世界的图景，理解当前社会和未来世界的科技、文明与人类面临的困境，学会深度思考问题，学会通过未来反推现在、通过对真实职业的理解来制定个人成长计划。现代高素质的教育促进跨界联系，促进个体从生活具体的事物出发，超越学科界限，多角度理解事物，具有多方位联结，拥有以小见大的洞察力。对客观世界真实的认知能够将生活具体事物与所学知识联系在一起，解决实际问题。总之，现代高素质的优质教育，促进人才能够从广阔、真实的世界舞台出发，带着思考走入日常的学习和生活。全球化的视野与更高层次的愿景能够增加个体的历史责任感，激发探索的学习兴趣，才能够真正理解学习的意义，获得学习动力成为终身学习者。

供给侧结构性改革在教育方面的改革是一个系统性工程，能从根本上提升人才综合素质，充分满足未来社会发展对人才的需求，真正实现我国经济高质量发展转型。结合新型供给侧改革，当前"一带一路"倡议下，急需具有国际视野、国际工作背景、国际金融、国际法律、国际会计、国际贸易的领军性、领导性的综合人才。结合国内外经济社会发展形势，政府制定科学人才战略，通过设立"一带一路"国家留学基金，深化国际组织合作，培养国际领导人才等策略保障国际化人才的培养。我国高等教育机构应对国家重大需求，应当突破传统人才培养模式，采用跨学科的方式培养"一带一路"方向急需的人才。

---

① 卡尔·雅斯贝尔斯著，邹进译：《什么是教育》，生活·读书·新知三联书店，1991 年，第 1 页。

各界应携手共进，深挖并厚植"一带一路"倡议中我国的"软实力"①。同时打破学科界限，培养综合型跨学科人才，能够统筹国际合作相关工作任务，并在国际合作发展过程中，成长为跨语言、跨文化、跨国界的国际合作创新人才。因此从根本上来说，"一带一路"倡议也给高等教育的综合改革带来新的机遇和要求。从历史上来看，所有高等教育的变革与发展，离不开所处的社会大背景，也脱离不开社会的需要。大学改革与时代发展面临的转变和问题有着密切的关系。如今我国提出"一带一路"倡议，扩大对外经济贸易交流，对于涉外人才的需求量产生了一个小高峰。我国当前参与的经济活动，已经在深刻地改变着世界和中国发展格局，围绕着这一发展大格局，要审时度势，对我国高等教育进行综合的改革。从学科学术、人才培养和内部管理等方面进行整合和改革，是目前高校进行综合改革所必须要回应的重大问题。

6.1.2 培养创新创业人才

创新和创业不是天生的素质和能力，必须通过家庭教育和学校教育进行培养。如今大学生创新创业已引起了社会各方面的关注，国家不断推出针对大学生创业的各种扶持优惠政策，启动大学生创新创业训练资助项目，鼓励和支持大学生自主创业。各地政府部门也都推出了针对大学生的创业园区、创业教育培训中心等实践基地，以此鼓励大学生自主创业。我国国内部分高校创立了自己的创业园，为学生创业提供场地支持。"大众创业、万众创新"的目的是以创新驱动发展，创业带动就业，同时培养学生创新创业意识和综合能力。在这个培养教育过程中，需要有创业政策的落实、地方创新园区的建设、政府政策的支持等，其中最为关键的是对于大学生综合素质中创新意识的培育，以及对于创业思维的引导。国家培养创新创业人才，推动青年创业实践促进国家创新能力提升，是实现国家高质量发展的重要路径。

"大众创业、万众创新"是我国新时期促进经济高质量发展的新引擎，但是相对于发达国家，我国的创新力以及创业率明显滞后。这其中反映了我国企业家精神建设的不足，对于创新经济下的创业社会来讲，新知识的创造及其商业化导向的创业活动是这个经济社会企业家精神的具体表现，进一步来讲，企业家精神就是一切勇于承担风险的创新行为，是创新经济组成的基本单元。而在创新创业多元化主体中，最值得关注与培养的重点群体就是拥有丰富想象力

---

① 辛越优，倪好：《国际化人才联通"一带一路"：角色、需求与策略》，《高校教育管理》，2016，10（4）：3—3。

并充满梦想的青年。他们是新知识的学习者、创造者，在科技创新领域与经济发展新阶段，青年群体有着先天的优势。

大学生创新创业的能力和素质并非短期培训所能达成，有些素质甚至单靠培训也很难达到，比如谋略、胆量，以及识人用人等，这些都需要长时间不断训练和积累。创业的心理准备是一个关键，许多大学生并不害怕自主创业，而是担心创业后很可能面临的失败打击。在大学期间进行创新创业实践，并获得项目资助，组织团队参加创新创业大赛，与国内高校青年才俊一起进行创业创意交流，这个过程对于大学生创业团队的历练，具有不可估量的作用。深入研究将创新创业教育进行系统性梳理布局，在日常和教学过程中启发学生明确自己是否适合创业、是否具备创业者应具备的基本素养、还欠缺哪些素质，还需要准确的定位、清晰的目标和合理的通道，来确保创业活动在既定轨道上有序运转。

创业教育起源于美国，哈佛大学 1947 年开始为其 MBA 学生开设新创企业管理课程，由此打开了商学院创业教育的序幕。随后创新与创业教育在美国逐渐兴起，不但激发了年轻人的创业热情，同时学术界对于创业管理的研究也日益丰富。20 世纪初，美国威斯康星大学倡导的"威斯康星思想"也是鼓励大学应打破传统的封闭状态，履行社会责任，创造性地提出了大学应为社会提供服务的高等教育的第三项职能，主张通过打通高校传输知识和培育人才的闭合通道，从而使高等教育为促进区域经济建设与社会进步发展服务。此后，美国其他各州大学纷纷效仿威斯康星大学的教学理念，为社会发展提供服务。高等院校作为精英教育的载体，也是承接社会与教育的中间桥梁，因此在"大众创业、万众创新"的教育意识培养方面，高校应该是创新人才的培育基地与创业人才的孵化摇篮。我国相对于西方国家，对于创新创业教育的起步相对较晚，但是如今对于创新创业教育的重视程度却不亚于西方国家。2012 年，教育部发布的《普通本科学校创业教育教学基本要求（试行）》，规定高等学校应积极创造条件，面向全体学生开设"创业基础"必修课并纳入学校教学计划。2015 年国务院办公厅发布了《关于深化高等学校创新创业教育改革的实施意见》，该意见中提出高校创新创业教育改革的三阶段任务规划，明确了要在2020 年建立健全高校创新创业教育体系的总体目标。由此可以看出，创新创业教育已经成为我国新常态下经济增长的引擎之一。大学生作为青年群体，思维活跃，容易发现并接受新事物，他们最具创新精神、创业活力和创业潜力。国家如何培养青年学生创新创业能力，用怎样的方式鼓励学生参与其中、实践

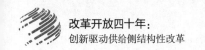
成长，对于促进高等教育的健康发展、经济进步与社会就业都具有重要
意义①。

6.1.3　高校与企业合作

在上一节中，我们论述了高校三项职能的发展历程、高校的三个职能，其
中一个重要职能就是服务社会，高校与企业合作是服务社会职能的充分发挥。
高校与企业在供给侧结构性改革背景下，需要达成共识，进一步加强合作，建
立"企中校"和"校中企"，实现校企高端人才共育、资源共享，才能真正培
养符合市场需求的高素质人才。真正达成"学以致用，学有所长，产学相依"
的人才理念，也完成高校对社会责任的承担。

高校与企业的合作必须有一定的规则和沟通协调方式才能够保障长期合作
发展。高校提供人才培养和智力支持，企业提供场地和实训场所。双方人力资
源经过资源共享可以共同利用，既能够充分培育人才，又能够促进企业发展。
在今后可以重点通过以下四种方式与企业合作，实现创新创业人才进行培养合
作的路径：

第一，联合培养。企业与高校进行资源合作，企业为培养人才提供奖学
金、实验设备、实验场地、客座教授，高校为人才教育提供师资队伍、优秀生
源、政策申请等，双方综合自身优势协同合作，联合培养某一领域的专业人
才，为企业人才梯队建设和人力资源开发奠定基础，同时在培养人才过程中真
正提高学生的素质和能力；企业可以按照企业人力资源规划在培养计划中及早
导入职业发展胜任力模型，降低后期对员工"选用育留流"方面的风险和成本。

第二，委托培养。企业根据运营管理和人力资源规划的需求，委托高校进
行专门人才的培养，使培养的学生综合素质和专业能力符合企业人力资源需
求，降低企业内部培养的风险和成本。

第三，实习基地。将学生的实习实训基地放在企业内部，有助于提高人才
的整体素质，增加人才对企业综合业务发展的了解，树立企业外部形象，提高
企业对人才的吸引，能够提高企业人才选聘的成功概率。

第四，人才引进。企业通过与高校的互动，能及早评估发现合适人才，引
进企业需要、认同和符合企业文化理念的人才，降低企业人力资源管理风险和
成本。

---

① 严子淳，赵桂红：《供给侧改革驱动下创新创业生态系统构建路径探讨》，《商业经济研究》，
2018（2）：190—192。

6.1.4 产学研一体化

高科技企业要得以发展、壮大，动力主要来自"产学研"所带来的良好运营结果。当前企业的"产学研"一体化道路是将企业现有的研究成果转化为适应市场需求的产品，再把部分产品盈利投入到科研中，开发出"含金量"更高、市场适应性更强的产品。企业、高校、科研机构等作为有形行为主体属于创新的主体，知识、信息、文化、制度等无形的资源则构建了创新的环境要素，创新主体之间相互依赖，同时创新主体与创新环境之间相互作用①。推进"企业走进大学"以及"大学搬进企业"，科研机构为大学和企业提供创新支撑。通过产学研一体化的形式来推动当地企业的成长乃至区域经济的发展一直处于不断的研究和探讨之中。也就是"以产养研，以研促产"的企业经营方式。"生产、营销、研究"三个环节中缺少任何一个，这种良性发展的循环圈就会被打破，使企业的发展陷入困境。因此在供给侧结构性改革过程中，要结合本土企业的需求和发展实际情况，大力发挥高校科研院所和创新谷两大技术资源优势，推进"产学研"工作，加快经济的发展。

创新是企业发展的源动力，企业需要实现持续性发展的战略目标，必须在发展过程中坚持将工作重心放在维护和完善"产学研"一体化良好的运营循环、增强自主创新能力上。提高创新能力，需要科研创新人才。通过在企业内部建立适于自身研究发展的人才管理体制，提高科研水平和研发能力。企业建立的这套体制能吸引企业外部的研究型创新人才，激发企业内部的能动性、创造性。建立一个科研创新型人才管理体制，是一个研发型企业成功的关键。另外，还需推动在产业界、高校和科研院所协同合作，组成科研联合体。联合产业内的大企业和具有技术优势的科研院所、高校，共同实施创新技术联合发展，在"产学研"一体化之下，形成有利于科技成果市场化的联合体。这种模式具有合作伙伴固定，科技研发具有延续性，长期性，不间断性。研发生产过程中，合作伙伴彼此之间相互熟悉，联络紧密，有利于知识在参与者之间的继承、交流、共享和发展。这种"产学研"一体化的合作模式适合研发期长、投资巨大、技术水平要求高的科技成果投入市场。

---

① 惠兴杰，李晓慧，罗国峰，李鑫：《创新 3.0 与创新生态系统》，《科学学研究》，2014（12）。

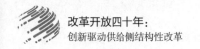
6.1.5 科研创新人才培养

6.1.5.1 创新型人才培养的现状

中国虽然人力资源丰富，研究开发人员数量和高等院校在校学生的总量均居世界前列，但是创新型人才现状呈现为：创新型人才整体质量不高，独立思考能力不足，研发创造人员质量与发达国家在质量方面存在很大的差距，问题突出。因此在供给侧结构性改革背景下，中国目前的创新型人才供给并不能完全满足国家社会发展过程中，在某些重点创新领域新增加的需求。例如高端研发产业的高端人才、综合型跨学科人才、高水平的技术专家、高熟练度的专业技能人才都非常匮乏。

创新型人才结构性矛盾突出。首先从专业结构来看，在从事研究与开发的专业技术人员中，新材料、新能源、生物技术、现代医药、环保等门类专业技术人员严重短缺。专业性人才匮乏，导致专业性产业生产质量难以保障，对于我国产业结构转型升级造成危机和困难。其次从行业分布看，高学历创新型人才主要聚集在党政机关、国有企事业单位，而在非公组织、新型经济和社会组织等领域的创新型人才则严重不足，第二、第三产业创新型人才集中，现代农业中创新型人才相对不足。现代农业创新型人才的匮乏严重影响农业现代化进程和粮食安全。第三从区域结构看，东部发达地区和大中城市创新型人才集中，西部地区相对偏少。人才流向东部和大城市等人才高地，而边疆，西部，偏远落后地区人才匮乏，发展受到严重影响。第四从年龄结构分析，我国没有形成老、中、青合理的创新型人才梯队建设，尤其是以中国科学院院士、中国工程院院士等为代表的高层次创新型人才年龄偏大。年龄断层，创新型人才后继匮乏，对于可持续发展存在严重危机。第五从素质结构来看，在初、中、高人才数量分布中，初、中级创新型人才比例较大，高学历、高层次、复合式创新型人才缺乏，尤其是在我国"一带一路"倡议落实过程中，在供给侧结构性改革中，高级经营管理人才、科技领军人才、跨学科跨文化人才都非常匮乏。

随着新时代中国特色社会主义市场经济的深入发展，创新型人才成长环境改革势在必行。通过供给侧结构性改革推动发展，制定创新人才培养政策，建立人才流动、权益保护的法规制度，解决深层次矛盾和问题，优化创新型人才环境。在供给侧改革过程中必须重视创新型人才管理，实现用人单位和个体的双向自主权落实。管理创新型人才资源配置坚持提升市场化、社会化程度，同时通过教育改革，提升人才供给质量。健全创新型人才的科学评价体系和评价机制，完善有利于创新型人才成长的"选用育留"机制，消除人才流动中户籍、档案、社会保障等方面存在的制度障碍，健全激励保障机制。

6.1.5.2　培育创新型人才国际经验借鉴

（1）美国创新型人才发展基本做法

美国作为最大的移民国家，是多元文化的大熔炉，在建立和发展过程中，受到了全球众多国家民族的异质性文化、人文精神和民族文化传统的影响。这一过程，形成了极具冒险精神的民族特性，既有跨文化的适应能力，又有思考创新融合能力。美国民族个性中具有强烈的开拓精神和创业意识，使得很多美国人一生都热衷于参与公益活动和迎接各种人生挑战。由于经济社会高度发达，社会文化教育发展水平处于世界领先。美国大学的教学资源、图书馆资源丰富，非政府非营利机构的培训资源数量大，终身教育发展受到重视。从全球高校排名来看，美国国内拥有众多世界一流的大学，国家的总体办学特色独特。国家对教育经费投入大，并能够从私人、基金会和校友等多渠道获得大额捐助。美国高等教育的教学和科研氛围开放灵活但不失严谨，对于培养创新型人才提供了优渥的教育环境。

美国学校的定位准确，发展独具特色，以适应不同人才类型发展需求，以满足和服务于美国全社会发展的教育教学需要。美国坚持适合的教育方法才能满足拔尖创新人才成长的需要，拔尖创新人才成长有人才成长的共性特质，创新型人才有其自身超常的特质，需要适合的教育方法才能激发他们的潜能，有时候需要特殊的培养方法。在大学之前的基础教育，虽学习环境宽松、学习内容较容易，但从小培养学生的思辨能力，培养学生看待世界的角度。在大学期间学习内容难度较大，挖掘学生的天赋潜能和创造力。美国坚持特长培养与全面发展有机融合才，造就拔尖创新型人才。美国一流大学培养顶尖的创新人才，选拔标准是从"学术能力""人格特质"和"全球愿景"三方面评估。应用大学培养专业和创业人才，而创业人才同时也是一种兼具创新特质的人才。美国的教育理念认为，没有特长就不会优秀卓越，不会有突出的学习兴趣和求知欲望；没有全面发展就不会有健全人格，不会有责任感和持久的学习动力。美国在国家发展中，坚持教育优先，放宽移民政策，积极吸引国外创新型人才及智力资源，积极营造宽松环境，对个人知识价值十分尊重，重视知识产权和专利技术保护。

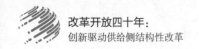
（2）日本创新型人才发展基本做法

日本秉承智慧创新立国，大力开发人才资源，制定政策支持教育机构和科研院所培养高层次的创新型人才，坚持从义务教育抓起培养创新型人才。进入21世纪以来，进一步化育英才，高度重视发挥优质教育对创新型人才培养的作用，日本不断深化高等教育改革培养高精尖创新型人才，通过结构化设计，培养多元化不同层次的人才。积极采取优惠政策和鼓励措施，着力培养女性研究者和创新型人才。鉴于国内老龄化影响和实际情况，努力吸引国外创新型人才，制定优惠政策大力吸引海外研究学者和创新人才。

（3）韩国创新型人才发展基本做法

韩国能够实现经济快速发展，跨越中等收入陷阱，步入高收入国家，是因为坚持深化教育改革，推广并强化精英教育，立足教育公平，积极发展大众教育，加大创新型人才奖励引进力度。第一，韩国重视对具有科学潜能学生的培养。2010年韩国引入STEAM教育，旨在弥补青少年科学志向和科学素养不足等问题。通过创设情境、创新性设计、成功的经验三个STEAM教育的主要阶段，逐步提高中小学生对科学技术的关注度和兴趣度。韩国加强培养学生基于科学技术的综合素养和解决实际问题的能力，通过严格的思维训练，帮助学生能够运用多学科知识技术解决复合型问题。第二，韩国的人才培养模式强调人才终身教育。从二战结束后韩国独立到20世纪70年代末，韩国逐步建立起了识字与成人基础教育、成人学历补偿教育、社区发展型社会教育、职业培训等人力资源开发、广播函授教育等构成的社会教育体系。1998年韩国教育部在其年度计划中明确提出了"构建开放的终身教育体系"的五项主要任务。2007年韩国再次修订"终身教育法"，破除了终身教育难以突破原社会教育体系的困境。第三，韩国拥有享誉全球的企业培训和发展规划机制，倡导工作场所的学习和企业大学。结合韩国终身教育的理念，韩国优秀企业始终坚持人才是企业不断取得竞争优势最重要的资源，并将这一理念作为企业发展首要价值观，对员工入职后的技能和管理培训有一套完备有效的体系，包括对技术人员和管理人员培训两条培训阶梯。培训体系的特点是围绕员工定制个性化培训内容，并且企业的技术人员可以在两个阶梯之间进行横向移动，其报酬和奖励是等同的。韩国优秀企业的人才培养经验中，会将人力资源管理机制与企业发展战略相结合，人力资源战略会根据企业的远景而制定，成为企业经营战略的一部分，一方面夯实"选人、育人、用人、留人"的传统人力资源工作，另一方面，结合企业绩效与未来发展，使现有人力资源增值。2001年韩国政府启动"国家战略领域人才培养综合计划"，计划培养10万名"全球化青年人才"。第四，韩国在人才引进政策上相当灵活，制定国际人才引进政策，包括人才引入机制、持续发展环境以及生活配套设施保障等。韩国在人才引入方面注重人才特质的多样性，大体上将人才项目分为研究教育型、企业活动型和未来潜力型。其中，研究教育型人才项目包括吸引一批资深学者人才、世界尖端科学工作者、理工领域海外高级研究人员、高级企业人才和硕士博士导师等；企业活动型人才项目包括，宣传本国海外人才引进项目及科研平台和企业水平，建立海外协会性质人才中介机构以强化企业人才支援力度，鼓励海内外人才在韩国共同创业等。未来型人才项目主要包括从资金、文化、出入境和就业的角度对本国外出的和外国留学韩国的优秀学生给予支撑性引进，同时，通过"英才高中——科技特性大学"之间的项目，引进有潜力的青少年优秀人才作为未来国家科技战略的储备力量。

6.1.5.3 中国培育创新型人才改革建议

（1）主体与主导并重

首先，尊重学生的主体地位。学生的个性差异较大，每个学生的学习过程各不相同，学生的学习方式和思维方式具有各自的特点。因此，在教育过程中要认同这种差异，并在教学内容和教学方法上避免"齐步走"和"一刀切"，统一使用死记硬背，导致独立思考类型的学生，在学习过程中由于不擅长背诵记忆被淘汰。在教育过程中需要尊重人的发展规律，结合学生自身的特质，因材施教，以便更好地发挥学生的主体作用。

其次，要发挥教师的主导作用。教师不仅仅是传授文化知识，当前教师的职能已经发展成学生学习的指导者，学生智力的开发者，学生生存技能的培养者，学生未来人生规划设计者等综合职能。在教育教学过程中，通过对学生进行创新思维训练，引导学生主动探索问题、进行独立思考，同时教师承担起学生学习的益友、伙伴、顾问的角色。

（2）市场规律与教育规律并重

教育不能全部交给市场，教育也不能完全脱离市场。教育需要与市场紧密结合，培养市场发展急需的高科技创新型人才。教育的市场规律是指创新型人才培养要以市场为导向，满足经济社会发展需求。经济社会发展不会是一成不变的，社会对人才需求导向也在随着社会发展而改变。因此人才培养以市场为导向，才能够为国家发展培养经世致用的创新型人才。教育规律是指综合型人才、专业化人才和创新型人才培养要坚持以人为本，结合人才成长发展规律，既满足人自身的发展需要，使其离开学校走上社会之后学以致用充分发挥自身

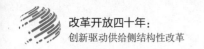

的价值，又能够有利于社会。另外，创新型人才培养有其自身规律，其效益作用的显现有滞后缓慢的倾向。如果单纯地过于强调创新性人才发展中的市场导向、就业导向，容易导致教育急功近利、拔苗助长，出现违背教育本质和人才成长规律的现象。这种不符合人才成长规律的做法，更不利于创新型人才的开发培养。

（3）科学精神与人文精神并重

重科学轻人文，重人文轻科学，都是不合理的教育理念。科学培养人才的逻辑思考和探究精神，人文培养人才的综合能力和素质，提升思想艺术性和审美能力。研究表明，科学技术和文学艺术虽然特性不同，功能各异，但是，科学技术和人文艺术能够互为补充，对促进社会发展起到相辅相成的功用。培养学生的科学精神和人文精神，二者不能偏废其一，共同促进个体创新能力的发展，才能够积累创新型人才的基本素质。属于基础教育的小学和中学是创新型人才培育的打基础时期，坚持要把素质教育作为基本取向，充分挖掘学生的天赋潜能，开发学生的创新创造潜力。不能急功近利，切实破除应试教育观念，着力改变重知识轻能力、重升学轻发展、重因循轻创新、重书本轻实践的倾向。

（4）学校教育与社会实践并重

创新型人才培养，必须提升人才社会化水平，在人才培养过程中将学校教育和社会实践并重，培养全面发展的健康的人才。首先，加强基础教育，促进人的全面发展，把素质教育作为基础教育取向。其次，积极发展职业教育，培养社会急需的专业化技术技能型人才，调动企业、社会组织和个人办学积极性，进一步发展职业教育，以满足各行各业对技术型专业人才的需求。再次，大力推进高等教育发展，改变应试教育主线，通过改革招生录取制度实现招生录取多元化，通过改进教学内容和教学方式培养通识之才。最后，在强化学校教育的同时，注重发挥社会实践对创新型人才联合培养的作用，其中"产学研"一体化合作无疑是一种行之有效的实践形式。

（5）坚持行政的创新

当前我国正在深化教育供给侧结构性改革。政府要深化对创新型科技人才开发的管理与认识，可以通过制定政策来为创新型科技人才成长和发展提供优质服务。在国家适时调整改革政策，培育支持创新、鼓励创新、持续创新的环境条件下，政府应统筹设置人才培养规划和社会需求目标，培养人才科技创新思维和科技实践能力，提高创新人才的国际化视野和水平。一方面，政府加强服务职能，建设一支优秀的能够培养科技创新人才的师资队伍。另一方面，政府积极培育和营造科技创新人才培养的大环境，在人才引进、流动、管理方面注重保护人才利益，从多渠道培养吸纳科技创新型人才。同时，通过政策导向，加强跨学科教育，加强个性教育和人文科学教育，提高创新教育的科研水平。引导我国教育体制由应试教育转向能力教育，提高科技人才的培养质量，发挥科技评价体系的创新导向作用；创造宽松的科研环境，提供优质平台，用好科技人才，加强科研人才队伍建设，促进创新型科技人才成长；通过服务引导和科技评价体系构建，促进政策创新，为创新人才与创新团队赋能。综上所述，政府作为人才开发建设的风向标，人才制度和政策的制定者，大环境和大氛围的创造者——需要明确政府是人才开发的宏观主体这一角色定位。

（6）市场的创新

优化人才供给侧的环境机制，营造宽松的环境，要强调高效的制度供给和开放的市场空间，按照"政府引导、企业主体、市场配置"的改革思路，破除对人才流动、人才评级、人才激励的体制机制束缚，降低制度性交易成本。人才供给侧结构性改革的核心是降低制度性交易成本，提供优质的服务。让市场在人才资源配置中发挥更大作用，必须在产业链延伸和产品创新上下功夫。一方面是在培训、招聘、人才测评、职业指导等传统业态，适应人口结构、就业观念、职业期待等变化。另一方面是拓宽人力资源服务产业链，以人力资源服务业为核心吸纳其他生产性服务业的领军人才。创新团队和领军人才是自主创新的中坚力量，要不断优化领军人才的创新环境，通过创新团队和领军人才队伍建设带动和促进创新型人才队伍整体创新水平的不断提高。要紧紧围绕我国重大经济发展战略，扩大产业布局，引导创新团队和领军人才科研成果转化，制定政策以促进科研成果向经济主导产业转化，不断提高科研主体创新的可持续发展能力[①]。

6.2　创新政策和环境支撑

创新政策和环境支撑，强调国家的自主创新，并非封闭起来搞实验。在经济全球化的大背景下，创新资源在世界范围内加速流动，任何一个国家都不能孤立地研究解决所有创新难题。要采取开放的姿态深化国际科技研发合作，充分利用全球创新资源，积极参与并提出由我国科学家倡议和牵头实施的国际科

---

① 中共北京市委党校马克思主义研究中心：《中国供给侧结构性改革研究》，中国社会科学出版社，2016年，第224—238页。

学计划和学科工程，在更高起点上提升自主创新能力。技术创新是一项系统性工程，创新链、产业链、资金链、政策链相互交织，相互支撑，相互作用。在技术创新过程中，要坚持供给侧结构性改革，创新人才培养模式，深化科技体制改革，破除制约科技创新的思想障碍和制度禁锢。结合经济发展需要，调整一切不适应创新发展的生产关系，打通科技与经济结合的通道，最大限度释放创新活力，促进创新、产业链与市场需求有机衔接，促进科技政策、经济政策相互协调，把创新驱动的新引擎全速发动起来，才能实现中国未来经济高质量发展。

6.2.1 创新创业环境分析

有统计数据显示，当代大学生投身创新创业活动所遇到的阻碍中，与社会一般"4050"人员相比，资金受限是最大的因素之一。因此，优化政府服务职能和社会资金配置，提升对高层次创新创业活动的支持，是深化创新创业工作亟待正视的问题。"大众创业，万众创新"——国家倡导的这一重要实践，不仅仅只是一个经济现象，更是社会发展过程中，一种思想解放的潮流和一次价值取向的改变。一线城市为了促进创新创业，在2018年开放创新创业人才引进落户政策。当前我国创新创业蓬勃发展，不断在城市的神经末梢和基层生根。创新是创新创业的特质，创业是创新创业的目标。创新创业是指基于技术创新、产品创新、品牌创新、服务创新、商业模式创新、管理创新、组织创新、市场创新、渠道创新等方面的某一点或几点创新而进行的创业活动。创新创业也面临一系列困难，创新需要高投入和长周期，创业面临失败和高风险，创新创业发展的困难在于如何突破畏惧的思维和寻求稳定无风险的诉求。我们研究创新创业人才自身综合素质发展、拓展创新创业思维、培养开发创新创业能力，比创新创业面临的资金困难问题更为重要。青年人才创新创业，若成功需要面临管理和持续发展运营的困难，若失败则面临的是资金的损失以及心理的挫败等重重困难，所以对失败者的尊重和包容是创新创业持续发展的保障。因此，在供给侧结构性改革过程中，需要支持引导和激励创新创业者，不折不扣地落实好有关政策。同时创新创业者也必须在实践中坚持终身学习，从工作场所的学习到业余时间的学习、反思、总结，最终实现自身综合素质和创新能力的转型升级，这个艰难的脱胎换骨的过程，对于人才成长是艰苦的挑战。

因此，创新是创业的关键点，创新创业能够促进高质量持续发展，也需要国家和社会从供给侧结构性改革方面进行大力保障和支持。从学校到社会，要培育相关创新创业中介机构，包括孵化器、科技服务公司等，通过服务机构，不断完善帮扶机制，进而降低创业成本；建立一些横向关系，和好的平台联手，形成一个运作良好的创新平台，为创新创业者找到更多的投资与合作机会；不断完善社会保障制度，当整个社会的制度环境和文化氛围还没有完全保护和激励人们运用自身人力资本参与创新创业时，人们就会从以能生钱的意愿转化为以钱生钱的意愿，资本流向务虚，进一步加剧整个社会的投机心理。我国实体经济的产业结构实际上还处在中低级产业的粗放型发展模式阶段，中国急需从初级农业、初级工业结构向创新型知识型的高级产业结构过渡，创新型经济、知识型经济也需要人们将自己极具创新型的人力资本积极投入到创新创业的活动中。

6.2.2　创新创业政策发展

推进"大众创业、万众创新"，是中国经济社会发展的动力之源，也是富民之道、公平之计、强国之策。随着这一发展战略的实施推进，"大众创业、万众创新"已经掀起了一股创新创业浪潮。自 2014 年李克强总理首次提出"双创"以来，中国平均每天新增市场主体超过 4 万家，这一令许多外国领导人惊讶的数字，相当于不少中等经济体"中小微"企业的总量。其中新登记企业近 1.4 万户，企业活跃度一直保持在 70% 左右，今年 5 月份每天新登记企业更是达到 1.8 万户。有目共睹，我国政府不断鼓励"双创"，强化"双创"政策资金的扶持，而且政府已经探索出"双创"的成熟路径，创新创业正成为中国经济增长的新引擎，创业创新型"中小微"企业正发展壮大，各地扶助中小企业创新创业的政策也相继出台。

2017 年 7 月 21 日，国务院关发布于强化实施创新驱动发展战略，进一步推进大众创业万众创新深入发展的意见。我国结合供给侧结构性改革，全面实施创新驱动发展战略，加快新旧动能持续转换，着力振兴实体经济，必须坚持"融合、协同、共享"，通过创新创业思潮，推进大众创业、万众创新深入发展；同时加快科技成果转化，拓宽"中小微"企业融资渠道，促进人才流动激励机制，通过创新创业，促进实体经济发展转型升级。各地出台相关政策，旨在激活创业创新主体、拓展创新创业空间、完善创新创业服务、强化税费金融支持、健全创业创新体制机制。

6.2.3　创新创业未来导向

当前和未来深化供给侧结构性改革、建设创新型国家，离不开创新创业的推进。持续关注世界科技前沿、强化基础研究的同时，政府还将就深化科技体制改革，从企业为主体、市场为导向、产学研深度融合的技术创新体系等多方面，加强对中小企业创新的支持。创新创业在中国的开展，既离不开创业者"敢为天下先"的创新意识，更离不开政府培育创新型人才的政策土壤。"创新""创业"在各种工作报告中频频提及，全行业都在不断为双创升级探索新的着力点。创新驱动产业发展，带动产业转型升级，为中国高质量发展提供保障。今后国家和社会对创新创业的导向有以下五个方面：

第一个导向是：创新创业服务从政府为主到市场发力。政府充分发挥服务职能，引导创新创业。政府制定的创新创业政策导向，最开始处于引导支持，最终在市场经济成熟发展条件下，成功构建全社会的创新创业长效机制。而随着社会主义市场经济发展，资本市场的完善，现代市场体系催生出一大批市场化、专业化的新型创业孵化机构，为创新创业提供创业路演、交流推介、培训辅导、技术转移等增值服务。我们可以看到，近几年，天使投资、创业投资、互联网金融等投融资服务快速发展，为创新创业提供了强大的资本推力。

第二个导向是：创新创业主体从"小众"到"大众"。伴随新技术发展和市场环境开放，创新创业的潮流将自下而上形成全社会的合力。在当前，"互联网+"兴起，信息技术发展，人工智能快速成熟，创新创业由精英走向大众。国内创业群体中出现了大批90后年轻创业者、大企业高管及连续创业者、科技人员创业者、留学归国创业者为代表的创业"新四军"。越来越多的草根群体投身创业，创新创业成为一种价值导向、生活方式和时代气息。

第三个导向是：创新创业活动从内部组织到开放协同。互联网和信息化发展，促进创新思维学习和普及，促进创业成功案例分享，对于整个社会创新创业的协同发展，具有带动作用。互联网、开源技术平台降低了创业的边际成本，促使了更多创业者的加入和集聚。技术市场快速发展，促进了技术成果与社会需求和资本的有效对接。大企业通过建立开放创新平台，聚合起了大众创新创业者力量。创新创业要素在全球范围内加速流动，跨境创业日益增多。

第四个导向是：创新创业载体从注重原来的"硬条件"到更加注重"软服务"。社会创业服务机构为创新创业者提供创业路演、创业交流、创业媒体、创业培训、技术转移、法律服务等新业态服务。国家和高校积极组织举办创业大赛，出现了创业大街和创业园区等，建立集聚创新科研要素的创业生态平台。

第五个导向是：创新创业理念从技术供给到需求导向。原来的创业注重技术开发和产品服务质量，但是现在的创新创业更多地根据大数据统计来研究调查人们的新需求和潜在需求，研究客户的消费习惯和倾向。社交网络使得企业结构趋于扁平，缩短了创业者与用户间的距离，满足用户体验和个性需求成为创新创业的出发点。在供给侧结构性改革过程中，坚持技术创新，出现了更多商业模式创新，改变了商品供给方式和消费方式。

6.3 供给侧改革支持创新创业发展

6.3.1 提升人口质量红利

进行供给侧结构性改革，首先要让创新支撑供给。在供给侧，必须让创新和技术进步替代过去大量的要素投入。在提高人才供给效率上，除了创新以外，还有一个很重要的供给是制度供给。供给侧结构性改革的根本途径在于深化人口教育质量改革，中国未来的潜在增长主要看生产要素的供给量和生产要素的配置效果。供给侧结构性改革是要解决劳动力结构问题，质量效益的背后是劳动力数量与劳动力质量。在数量上，开放二孩，将农村劳动力向非农转移。在人才培养质量上，加强创新创业，提高劳动力综合素质。为提高人口综合素质，供给侧结构性改革着力加强在民生相关的教育、医疗、文化和公共服务等相关领域的调整升级。改革也会在精准扶贫、环境污染防治、改善民生等方面增加供给数量和供给质量。

怎样提高人才供给效率？第一，要大力实施创新。从改革开放伊始，我国一直坚持创新，如今创新也是供给侧结构性改革的重要内容，创新是一种供给。在中国深化改革开放，高质量人才供给需要改革教育和人才培养供给模式，在人口的供给侧结构性改革上，人才的供给应当把过去那种人口数量红利转变成人口质量红利。未来经济实现高质量发展，必须由人口数量红利转变为人口质量红利，提高民族整体的综合素质，心理健康与身体健康共同提高，技术能力与创新能力并具发展。供给侧结构性改革的重大任务就是由中低端走向中高端，而要解决中国经济由中低端走向中高端，首先要解决人才由中低端走向中高端。从这个角度来说，我们要强调工匠精神，强调提高整个民族的基本素质，提升人才的创新创业能力，解决新问题能力，独立思考研究能力。在供给侧结构性改革深化过程中，激发创新人才在改革过程中发挥重要作用，真正实现改革的持续发展，收益改革红利。

6.3.2 助力科技研发成果产出

人才是支撑发展的第一资源，创新是引领发展的第一动力，坚持创新是供给侧结构性改革的核心。我国当前在科技研发方面的供给侧结构性改革，最重

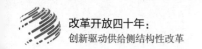
要的是要提高科研供给效率，促进创新成果产出。评价科技创新的方法，从重视数量，升级为重视质量。要不断加强我国科技创新人才队伍建设，为未来中国的创新和研发活动提供智力支撑。创新创业人才是科研创新的坚实后盾，通过供给侧结构性改革，来完善人才培养的体制机制。

科研成果产出困难，需要供给侧结构性改革健全创新的市场导向机制，推动市场、企业、政府在创新过程中形成良性互动。政府在全社会营造公平竞争的市场环境，在科研成果转化过程中，发挥市场机制在创新资源配置中的导向作用。政府强化创新过程中市场需求导向和企业的主体作用的发挥，可提高资本市场对创新创业的支持力度，形成有效的创新激励机制，增强创新主体的创新动力，提升创新的供给质量。政府提供资金和政策引导，加强对企业管理者的创新理念培训，促进终身学习和成人学习，提高企业创新意识。与此同时政府需要完善知识产权保护制度，加强知识产权保护力度。通过供给侧结构性改革，政府转变行政职能提高服务水平，加强技术市场建设，改进科研成果转移、转化的模式，提高科研成果的落地率和转化率，加速科研成果转化为现实生产力。

通过供给侧结构性改革，让市场配置科技创新资源。通过大数据分析，结合市场发展需求，让技术创新市场在资源配置中起决定性作用。在科研创新实践过程中，大力推进科技创新与人才激励紧密结合，提升科研成果产出动力。未来中国，创新是引领经济高质量发展的第一动力，着力推进创新驱动的供给侧结构性改革，提升人才创新能力，培育创新人才，增加创新人才供给，推动实施创新驱动发展战略，让创新真正成为引领发展的第一动力，就能为中国经济转型升级和保持高质量发展提供源源不断的新动能。

6.3.3　创新人才培育促进经济高质量增长

人具有自然属性也具有社会属性，人是社会发展的主体和参与者，人类个体的集合形成了人类社会。从封闭到开放，从农业社会到工业社会，人的自身在不断社会化，参与社会交往的沟通能力与合作能力都获得极大提升。在农业社会，人类个体一生的活动半径在十几公里的范围之内，而如今在当前的科技水平下，在 24 小时之内就可以将一个人送到地球上的任何国家。而当前的信息技术和互联网技术，使得以往通过车马邮件需要几个月才能送达的信息，而今只需要按一下发送对方就可即时收到，我们可以便捷地和全球客户进行经济贸易往来和文化情感交流。在创新和技术推动下，终身学习的人是不断发展成长的人，促进社会也随之进步。人才作为经济和社会发展的首要资源，通过独立思考和创新,极大地推动了人类社会进步。对于经济发展来说,人的数量和规模决定了市场的规模;人的综合素质衍生的需求,以及自身开发成长的能力,决定经济社会发展的趋势;人口的受教育程度是衡量一个国家或地区人力资本投资水平的最基本指标,在一定程度上可以反映人力资本存量情况。当前中国特色社会主义进入新时代,在经济新常态下,我国经济发展必须进入由高速度发展转向高质量发展的阶段。高速度发展一切追求高效益,忽视经济质量和环境保护。而高质量发展是提供高质量的物质文明条件和精神文化条件,能够更好满足人民日益增长的美好生活需要的发展。通过创新人才培养,可以促进整个社会创新水平,促进经济高质量发展。经济高质量发展,会实现生产要素投入少、资源配置效率高、资源环境成本低、经济社会效益好的发展。高质量发展以人才为支撑,通过供给侧结构性改革可持续加速人力资本积累,培育更多的实用技能创新型人才通过供给侧结构性改革持续优化人力资本结构,使之更好地与产业结构升级相匹配。一个国家或地区的产业结构转换能力取决于其所拥有的人才数量、质量和结构状况。因此我国要实现充足的创新人才储备,需要加速人力资本的规模积累,通过提升家庭教育、基础教育和高等教育质量来提升人力资本积累的规模。国家通过供给侧结构性改革,从人才供给出发,培养创新创业人才,同时对不同地区的人才供需进行宏观调节,鼓励人才合理有序流动,形成有利于区域协调发展的人才布局。在供给侧改革中,国家推进创新人才的积累、发展和布局,助力我国经济高质量发展。

我们将深入贯彻创新、协调、绿色、开放、共享的发展理念，不断适应、把握、引领经济发展新常态，积极推进供给侧结构性改革，实现持续发展，为"一带一路"注入强大动力，为世界发展带来新的机遇。①

——习近平

第 7 章

供给侧结构性改革助力"一带一路"外向型经济发展

改革开放以来，中国经济的较快增长，也带动了世界经济增长。中国发展外向型经济，提出"一带一路"倡议，使政策之间相互联系、沿革发展相互影响，是与新时期供给侧结构性改革密不可分的国家战略。改革开放后，我国逐渐参与外向型经济，提升我国的国际影响力，国际地位也稳步提升。中国从内向型经济到外向型经济发展，不断扩大对外开放的格局，从设立经济特区到推进"一带一路"倡议，构建了由中国主导的区域价值链，改革促进国内市场开放、促进我国进出口贸易发展，供给侧结构性改革进一步扩大开放，拉动中国深度参与全球经济，实现供给端一侧的提质增效，推动我国在全球价值链转型升级。"一带一路"倡议是在经济全球化趋势下，顺应国际形势、统筹国际国内发展做出的战略部署。我国提出"一带一路"倡议与国家进行国际产能和装备制造合作，是国际合作优化供给结构的重大举措；在国内沿"一带一路"引导东部产业向中西部有序转移是匹配供需关系的主要内容。供给侧结构性改革是主动适应经济新常态、应对我国供需关系变化做出的重大改革决策。"一带一路"与供给侧结构性改革之间有千丝万缕的联系和互动，两者相辅相成，在贯彻实施这两大中央战略决策的过程中将二者相互契合，协同发力，将促进中

---

① 习近平在"一带一路"国际合作高峰论坛开幕式上的演讲，见新华社 2017 年 5 月 14 日。

国产业结构转型与经济高质量发展。

7.1　从内向型经济到外向型经济发展的历程

20 世纪 70 年代以后，中国开始走向外向型经济发展的道路，对外开放水平逐渐提高，中国经济的开放对世界经济的发展产生了重要影响。国家对外开放的水平和对外开放的范围，对国家经济增长具有重要影响，开放水平的测度成为学术界研究的重要内容，而学术界对中国经济开放度的测定引起了广泛的关注。学者们提出了各自的测度指标，概括起来主要有以下三个方面："第一是贸易开放度——反映一国或地区的投入品与产出品的实现对国际市场的依赖程度，采用对外贸易总额占国内生产总值的比重、出口额占国内生产总值的比重、进口额占国内生产总值的比重来表示；第二是资本开放度——反映一国资本市场的开放水平，一般采用国际投资额与国内生产总值的比率、国际投资增长率与 GDP 增长率之比、国际投资额与全社会投资额之比来表示；第三是金融开放度——可用中央银行和商业银行对外资产和对外债务占总资产（或 GDP）的比重作为衡量标准等①。"

实施改革开放后中国启动从内向型经济到外向型经济发展战略转变，对内改革，对外开放，吸引外资，尝试发展对外进出口贸易，并不断扩大对外开放范围和对外开放水平。2001 年 11 月中国正式加入世界贸易组织（WTO）以后，中国正式进入一个全面建设开放经济的新时代。尤其是近十年中国经济社会的发展，获得全球瞩目，众多投资中国的企业家，在合作过程中考察中国，对中国发生的巨大变化充满惊讶和由衷称赞。经过四十年改革开放，坚持加强国际合作，中国已经成为吸引外商直接投资最多的发展中国家，在"一带一路"倡议发出后，中国近几年的对外投资和贸易更为频繁，在过去的四年中，通过"一带一路"倡议，中国对内改革，对外开放呈现新的趋势和方向，外向型经济快速发展。回顾世界经济发展进程和规律，我们可以看到在全球经济发展过程中，没有任何一个国家能够做到完全封闭国内经济，不与任何国家发展经济往来。四十年来，中国对外经济发展战略所有的实践尝试，正是着眼于从内向型经济发展到外向型经济发展的转变。外向型经济促使中国深度参与全球经济一体化，真正融入全球经济体系之中，而在这把"双刃剑"之上，我国必然面临前所未有的机遇和挑战。因为在经济全球化和世界经济周期影响下，我

---

① 谢守红：《中国城市外向型经济发展研究》，《经济经纬》，2008（2）：68-70。

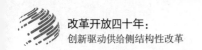
国经济不可能独善其身。我国只有抓住机遇，迎接挑战，积极进行供给侧结构性改革，统筹国内国际两个大局，实施走出去战略，发展外向型经济才能实现经济增长转型和经济高质量发展。我国只有充分利用国内国外两个市场、两种资源，发展更高层次的开放型经济，积极参与全球经济治理，维护我国发展利益，防范各种风险，才能提升未来国家的经济质量和经济安全。

7.1.1　对外开放格局的初步打开

第二次世界大战后，如雨后春笋般出现了大量新兴独立国家。这些新兴国家为了实现政治独立和经济独立，一直在努力实现本国的工业化、现代化，因此被称为"发展中国家"。运用经济增长规律，积极发展对外经济贸易，拉动经济增长转型，促进经济社会发展，是发展中国家发展战略中的重要组成部分。纵观发展中国家发展规律和发展特征，我们可以将这些国家的经济政策分为内向型和外向型两大类型。其中内向型分为低级形态的闭关自守型和高级形态的进口替代型两个子类型。外向型分为低级形态的出口导向型和高级形态的完全开放型两个子类型。发展中国家的经济发展完全开放，意味着国内外市场完全打通，对外经济高度市场化，市场经济趋于成熟。中国在改革开放之初的改革实践，实行的是由内向型向外向型转变的尝试，从进口替代转向出口导向。1994 年市场化改革之后采取全面出口导向，外向型政策导向加速市场经济发展。到 2001 年中国加入 WTO 后，我国经济模式走向完全开放型，对外开放水平大幅度提升。在四十年改革开放实践过程中，我国逐步打破外贸垄断壁垒，发挥市场作用，降低关税保护水平，在对外进出口贸易经济活动中，逐步取消进口配额和许可证限制，改革外汇管理体制。今后，为适应对外开放新阶段的新要求，中国需要全面调整有关政策，这一系列政策的调整，既是从过去到未来的经验的总结和改革的延续发展，也是针对当前发展趋势的研究判断做出的改革政策创新。所有改革政策的深化和创新，无论对我国的国内经济发展，还是对于对外经济关系发展，都将产生重大影响。

中国在改革开放以后，为了促进外向型经济发展，陆续发布政策，在一些沿海城市首先起步构建对外开放基地。1980 年 5 月，国家决定在广东、福建两省实行对外开放的特殊政策和灵活措施；1980 年 8 月，批准深圳、珠海、汕头、厦门尝试开办"以市场调节为主的区域性外向型经济形式"的经济特区；在 1984 年 5 月，决定进一步开放大连、秦皇岛、天津、烟台、青岛、连云港、南通、上海、宁波、温州、福州、广州、湛江、北海（包括防城港）等 14 个沿海港口城市，给予外资企业与经济特区相类似的相关优惠待遇；到

1985 年 2 月，又确定将长江三角洲地区，珠江三角洲地区，闽南的厦、漳、泉三角地区，以及胶东半岛、辽东半岛列为经济开放地区；1988 年 4 月，决定兴办海南经济特区。至此，中国沿海地区成为全方位对外开放基地的总体布局基本形成。改革开放对中国发展产生了巨大影响，图 7—1、图 7—2 是深圳在改革开放前后发生的城市面貌改变。因为四十年改革开放的发展，深圳由一个偏远落后的小渔村成为国内一线大城市，城市的创新水平和发展潜力有目共睹。

图 7—1　1978 年深圳：深南大道（图片来源于网络）

图 7—2　2018 年深圳：深南大道（图片来源于网络）

改革开放四十年，在参与发达国家跨国公司主导的全球生产分工的过程中，中国经济也开始成为带动其他发展中国家经济起飞的重要推动力。这个角色的转变得益于中国经济在世界经济中的双重身份：一方面在跨国公司主导的全球生产体系中，中国位于价值链的中低端，依靠廉价劳动力扩大出口，扮演着世界工厂的角色。另外一方面，这种世界工厂的角色既使得中国积累了大量的贸易顺差和外汇储备，又倒逼中国从宏观的全球视野中寻找能源和原材料以维持世界工厂的正常运转。中国对能源和资源的需求以及相应的投资对非洲、拉美和中东地区以及澳大利亚和俄罗斯等能源和原材料生产国而言，是促进经济增长的重要推动力。在经济发展过程中，中国在能源和资源领域进行了大量的投资。如今在"一带一路"产能合作框架下，中国扩大对外投资，结合本国比较优势，积极拓展投资范围和投资项目，对世界经济发展起到了举足轻重的作用。因此改革开放四十年是中国经济拥抱全球化的四十年，在这个过程中，中国真正参与到了全球化进程中。

中国政府在从经济特区开始的改革中发挥的主要作用是为企业赋能，为经济特区和沿海开放城市及地区提供重要的公共物品，建设一流的基础设施，为投资提供税收与土地政策方面的优惠。政府职能转化、加强服务职能、简化各种管理流程，减少了企业的交易成本并增加企业运营的效率。政府为企业服务，增强中国企业的国际竞争力，充分参与、加入国际分工，正是改革开放过程中，中国能够吸收大量的外资，成为世界工厂的重要原因。设立经济特区是中国成为世界工厂的充要条件，经济特区提供的发展平台大力吸引外资，拉动了对外开放水平。大开放引进了大投资，带动对外贸易发展，促进开放地区经济发展。开放地区发挥了内引外联的功能，成为连接内地与国际市场的枢纽。沿海开放地区成为建设现代市场经济制度的实验基地，汲取市场经济的经验，大胆探索新的经济制度和政府管理经济的新体制，为全国经济体制改革积累了宝贵的实践经验，树立了成功典范，为其他地区改革开放发展提供了有益借鉴。我国建立对外开放基地的重要意义在于，对外开放地区能有效利用国际资源，积极参与国际竞争。这些地区的对外开放有力地促进了经济快速发展，成为区域经济中最具活力的高速增长区和最具发展潜力的经济体。

7.1.2 对外开放格局区域性拓展

在 20 世纪 90 年代，中国改革开放进一步扩大范围，国家提出沿海、沿边、沿江、沿路的"四沿战略"建设目标。沿海是指从我国渤海到北部湾的整个沿海地区，"沿边"指的是重点发展新疆、内蒙古、黑龙江的边境地区，加强与沿边国家的经济贸易交流；发展云南和广西的边境地区经济贸易，继承原有的茶马古道，开通与南亚和东南亚的商路。

中国对外开放在 20 世纪 90 年代主要有两个方向，一个是以上海浦东新区开发开放为起点，进一步开放长江沿岸城市产业发展建设，逐步把沿长江两岸的城市建成中国继沿海以后的又一条大的开放带。中国对外开放的拓展，推动了开放新区发展。图 7-3 是上海浦东新区，经过建设发展，如今陆家嘴成为全国重要的金融中心。

图 7-3　今日"高大上"的上海浦东美丽景象

我国规划在长江两岸建成上海、南京、武汉、重庆等一批专业化程度较高的综合型工业基地。这一经济带产业密集，技术实力雄厚，范围广阔，将建成中国最大的产业密集带之一。然后是加速内陆地区开放步伐，进一步开放内地沿边城市，推动内陆地区经济的发展。1993 年，国家决定将内陆地区的合肥、南昌、长沙、成都、郑州、太原、西安、兰州、西宁、贵阳、银川等 11 个省会城市，以及沿海沿边的 4 个省会城市：哈尔滨、长春、呼和浩特、石家庄作为开放城市，享受沿海开放城市优惠政策，促进内陆地区对外开放，实现我国全方位、多层次、宽领域的对外开放格局。

7.1.3　新世纪对外开放新进展

进入 21 世纪，我国外向型经济在总体层面取得快速发展的同时，同样存在着内部区域发展失衡的问题。内部区域发展失衡，既受要素禀赋结构、政策偏向等因素影响，同时也受到区位优势和社会发展等诸因素影响。例如东部沿

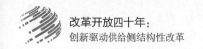

海地区经济发展快速，西部内陆地区偏远落后，信息封闭，交通不便，经济总体发展滞后。尤其是我国西藏、青海、新疆、甘肃等西部省份，自然条件恶劣，生态环境脆弱，处于干旱半干旱地区，农业发展困难。我国西部地区远离沿海，经济发展既没有资源，又没有大规模市场，举步维艰。在各种因素的共同交互作用下，东部、中部和西部区域发展差距较大。

　　1999 年 9 月，国家实施"西部大开发"战略，对西部地区吸收外资的行业准入、税收等方面提供了更加优惠的政策，鼓励外商向中国西部地区投资。西部大开发促进中部和西部经济增长，促进民族团结、国家和平统一、东西部协调发展，实现共同富裕。2003 年国家实施"振兴东北老工业基地"政策举措，旨在扩大开放水平，提高东北经济的外向度，促进体制机制创新，促进产业转型，促进东北地区经济社会开放发展。2006 年国家批准成立"天津滨海新区"，进行综合配套改革试点，这是中国继上海浦东新区之后，中国第二个综合配套改革试点区。天津滨海新区依托京津冀，服务环渤海，辐射"三北"，面相东北亚，努力建成中国北方对外开放门户、高水平的现代制造业和研发转化基地、北方国际航运中心和国际物流中心。此外，中央对中部地区加大政策支持力度，支持一类口岸建设，促进中部企业走出去和扩大中部地区劳务输出，实现剩余劳动力转移。商务部在 2006 年公布了《境外中国经济贸易合作区的基本要求和申办程序》，宣布建立 50 个"国家级境外经贸合作区"，鼓励中国企业在境外投资建设工业园区、科技产业园区和各类经济贸易合作区，为中国企业参与国际竞争合作，实施"走出去"战略搭建新的平台由此兴起。

　　2013 年提出的"一带一路"倡议，推动中国参与国际竞争与合作。纵观近五年"一带一路"典型国际工程项目建设有：越南金瓯 4080 化肥工程总承包项目；柬埔寨甘再水电站；澳大利亚中澳铁矿项目——最大的海外矿产资源投资项目；土耳其安伊高速铁路二期项目；沙特阿拉伯利雅得水泥公司二期项目；沙特阿拉伯麦加轻轨项目——中东地区第一条轻轨；埃塞俄比亚阿达玛风电一期项目——第一个国际新能源工程总承包项目。其中阿达玛风电项目（见图 7-4），是埃塞俄比亚第一个五年计划期间的重点工程，是该国的第一个风电项目，也是中国和埃塞俄比亚两国在风电领域的第一个合作项目。该项目的实施为中国工程企业走出去积累了重要的经验和教训，为埃塞俄比亚阿达玛风电二期项目的实施奠定了坚实基础。

图 7-4 埃塞俄比亚阿达玛一期风电项目(图片来源于网络)

新世纪我国对外开放使得外向型经济快速发展,同时带动了沿海、内陆、西北和东北地区发展。未来,深化供给侧改革,推进"一带一路"建设投资项目,带动沿线经济增长,扩大中国对外开放的程度,使中国深入参与到全球经济一体化进程中。

7.1.4 新时代改革助力经济外向型发展

"一带一路"倡议的实施,标志着中国加快了对外开放的步伐,更多地参与国际经济合作,这是中国拥抱全球化的重大新举措。"一带一路"倡议从理论上来看,是 20 世纪 50 年代和平共处五项原则在当今的新发展。和平共处五项原则提出来后就成为国际关系的基本准则。在新形势下,"一带一路"倡议是中国对外开放战略目标的进一步深化。对于国内发展,通过国内"一带一路"沿线布局和核心区建设,中国将充分发挥国内各地区的比较优势,进行产业布局实现区域协同发展,同时对西部和边疆地区实行更加积极主动的开放战略,坚持区域协调发展,加强东中西互动合作,全面提升开放型经济水平。在经济全球化中,我国长期坚持互利共赢,营造良好的外部环境,提高中国在国际分工中的地位,利用全球资源促进自主创新能力提升,优化对外开放布局,促进区域经济协调发展,健全对外开放的风险防范机制。我国正由商品输出向资本输出转型,对外投资快速发展,海外并购频繁。中国开放形成规模和范围效应,开始构建区域性自由贸易区,带动区域价值链发展。国际金融机构的建设,亚投行的设立,突破了欧美在资本领域独霸的格局,同时把我国的发展空

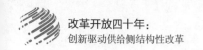
间带到新的领域。我国在参与全球化过程中面临挑战和风险，要从制度出发，继续深化经济改革；同时通过"一带一路"带动中国未来发展的空间战略和开放战略的对接，坚持和平共处、合作多赢的政策，贯通国内与国际的整体合作。

2018 年 11 月，中国在上海召开中国国际进口博览会，向世界各国进一步开放中国巨大的国内市场，通过带动其他国家的出口来支持自由贸易和全球化。在英国脱欧、唐纳德·特朗普担任美国总统后主张美国第一推动资本回流、欧洲难民危机导致逆全球化势力大增的背景下，全球化逆转成为一个现实的威胁，保护主义在许多国家兴起，此时中国倡议的"一带一路"是继续推动全球经济一体化，捍卫自由贸易，促进全球化更加包容、更加平等的重要举措。"一带一路"的沿线国家大多是发展中国家，包括很多被隔绝在全球化过程之外的国家。中国推动的"一带一路"就是要通过为这些国家提供发展机会从而为全球化提供新动力，将全球化的动力由过去的竞争主导，转变为合作主导。

7.2 "一带一路" 倡议要义及建设原则

7.2.1 "一带一路"倡议实施要义

中国"一带一路"倡议的提出，有着宏大的国内经济背景和复杂的国际政治经济环境，需要解决的并不是单一的一个地区或者单独的一个国家的问题，而是全球经济共同发展的历史使命。全球经历了瘟疫与宗教战争，经历了残酷的一战、二战，经历了冷战的铁幕政策隔离，回顾人类历史，我们终将看到，漫漫丝路，遗泽千年。倡议提出近五年来，全球 100 多个国家和国际组织积极支持和参与到"一带一路"建设之中，联合国大会、联合国安理会等重要决议也纳入"一带一路"倡议内容。"一带一路"逐渐从理念转化为行动，从宏大的愿景，转变为现实的实践，随着时间推进，建设成果不断落地生根、开花结果。"一带一路"是在"古丝绸之路"概念基础上形成的一个新的经济发展倡议。古丝路的经济贸易活动为"一带一路"倡议构想提供了一个创新的连接，改革创新了中国 21 世纪外向型经济发展模式和路径。古丝绸之路在历史上通过贸易贯通欧洲地中海文明和中华黄河文明的通道，而在当代，则是中国现代化进程与西方和世界发展相互融合并紧密联系的纽带。"一带一路"倡议，借助古代通过丝绸之路促成早期全球化经贸合作的经验，结合现代经济发展理念，构建新的经济贸易合作模式与合作途径，打造人类命运共同体，通过经济贸易协同发展，促进经济共同增长。因此，"一带一路"倡议，就是要继承和发扬丝绸之路精神，把我国的发展同参与国家的发展结合起来，赋予古代丝绸之路以全新的时代内涵。"一带一路"倡议既要继承历史上沿线国家合作的理念与实践，又要根据新时期各国的国情积极进行创新和开拓合作模式。

新丝绸之路经济带建设，从全球一体着眼，东边牵着亚太经济圈，西边系着欧洲经济圈，将发达国家与发展中国家通联起来，将东亚沿海地区和中亚内陆地区链接起来，成为真正意义上的全球化推动力。由于发展中国家发展的异质性、复杂性和滞后性，需要通过"一带一路"经济贸易活动，带动发展中国家共同发展[①]。世界经济发展历程中，传统的合作政策，导向归于"强者更强，弱者更弱"，而全球化背景下中国的"一带一路"倡议，则在交流合作过程中，坚持发扬"和平合作、开放包容、互学互鉴、互赢共利"的"丝路精神"。中国发起的"一带一路"倡议，为推动更加包容的全球化做出自己独特的贡献。纵观世界经济发展态势，对广大发展中国家而言，经济增长的最大瓶颈来自基础设施的落后。中国和相关国家在"一带一路"建设中，共同加速推进的重点基础设施项目有雅万高铁、中老高铁、亚吉铁路、匈塞铁路等，建设瓜达尔港、比雷埃夫斯港等港口，规划实施一大批互联互通项目。目前，以中巴、中蒙俄、新亚欧大陆桥等经济走廊为引领，以陆海空通道和信息高速公路为骨架，以铁路、港口、管网等重大工程为依托，一个复合型的基础设施网络正在形成。据统计数据，在2018年第一季度，我国对"一带一路"沿线国家投资合作稳步推进，对"一带一路"沿线的52个国家都有新增投资，合计投资为36.1亿美元，同比增长22.4%，占同期总额的14.2%，比1～2月占比上升1.4个百分点[②]。

在新理念、大格局的引导下，中国参与国际经济合作，从被动参与到主动布局，通过"一带一路"倡议，中国已经面向全球合作，构建区域价值链，并努力在全球价值链中提升位置。其中"一带一路"倡议作为全球创新合作模式，已成为经济全球化发展过程中的重要途径和形式。随着倡议推进实施，全球有越来越多的国家加入。"一带一路"倡议，站在历史的前沿，从全球视角，兼收并蓄，推陈出新，开启了迈向人类命运共同体的伟大进程，也是推动全球

---

① 李君如，倪迅：《用"文化一带一路"支撑"经贸一带一路"——基于哈萨克斯坦、土耳其的考察》，《毛泽东邓小平理论研究》，2017（5）：95—100。

② 中国一带一路网，https://www.yidaiyilu.gov.cn/xwzx/gnxw/53028.htm，2018年4月17日。

经济强劲、平衡、包容、可持续发展的有效途径①。该倡议促进各国和各地区之间经济联系更加紧密、相互合作更加深入，开创地区新型合作模式，正如古代丝绸之路一样，在历史上实现跨越大洋和大洲的商贸交易，将不同地区链接起来，形成互通有无的商贸大道，促进亚欧各国和中国友好往来、增进文明交融交流，沟通文化艺术。

"一带一路"是一个新型"经济带"概念，体现的是经济带上各参与国家和参与城市集中协调发展的思路，被认为是"世界上最长、最具有发展潜力的经济大走廊"。"一带一路"，致力于亚非欧大陆及附近海洋的互联互通，建立和加强沿线各国互联互通伙伴关系，构建全方位、多层次、复合型的互联互通网络，实现沿线各国多元、自主、平衡、可持续的发展。众多发展中国家参与共建"一带一路"致力于维护全球自由贸易体系和开放型世界经济。共建"一带一路"旨在促进经济要素有序自由流动、资源高效配置和市场深度融合，推动沿线各国实现经济政策协调，开展更大范围、更高水平、更深层次的区域合作，共同打造开放、包容、均衡、普惠的区域经济合作架构。共建"一带一路"符合国际社会的根本利益，有助于实现人类社会共同理想和美好追求，是国际合作以及全球治理新模式的积极探索，将为世界和平发展增添新的正能量。"一带一路"中的"海上丝绸之路经济带"将打通从太平洋到波罗的海的运输大通道，逐步形成连接东亚、西亚、南亚的交通运输网络，通过贸易互补，促进产业发展，同时输出装备、技术、管理与标准，并通过与中亚在能源等领域的合作增强能源与地缘安全。而"一带一路"建设中的"海上丝绸之路"第一步面向东盟，将中国和东南亚国家临海港口城市串联起来，加强互联互通，以亚非欧经济贸易一体化为发展的长期目标。

当前，世界经济融合加速发展，没有一个国家能够独立于世界经济之外。我国积极利用现有双边和双边合作机制，参与经济全球化，加快外向型经济发展。中国推动"一带一路"发展，通过合作项目，共同投资建设，促进沿线国家和区域开展合作。在对外投资和国际贸易中中国加强双边合作，开展多层次、多渠道沟通磋商，推动双边关系全面发展；建立完善双边联合工作机制，研究推进"一带一路"倡议的实施方案、行动路线图；推动签署合作备忘录或合作规划，建设一批双边合作示范。在今后的合作过程中，为了维护经济安全和合作利益，中国应当充分发挥现有联委会、协委会、指导委员会、管理委员

---

① 李锋：《"一带一路"促进全球经济强劲、平衡、包容、可持续发展——"一带一路"国际合作高峰论坛"智库交流"平行主题会议综述（上）》，《经济研究参考》，2017（31）：7-9。

会等双边机制作用，协调推动合作项目实施。

7.2.2 "一带一路"全球共建原则

"一带一路"建设需要全球化新思维，中国要促进倡议发展，必须具有与当今时代对应的全球化思维。这个思维不是单一为某个国家或者某个民族谋利益，而是要符合全球各国利益并被普遍接受。"一带一路"的构想从开始到现在，坚持共商、共建、共享的原则；积极推进沿线国家经济社会发展和沿线国家的战略相互对接，以新的形式使得亚非欧各国联系更为紧密，推动各国间的互利合作迈向新的历史高度。在重要问题上要充分听取各方面声音。共建原则要充分发挥沿线各国的主观能动性和能力，为有效建设"一带一路"做出各自的贡献。坚持共享原则就是要使得"一带一路"建设的成果为各方所共享，尤其需要注意避免不公平的经贸安排，避免出现成员间经济贸易地位不平等。加强政策沟通是"一带一路"建设的重要保障。加强政府间合作，积极构建多层次政府间宏观政策沟通交流机制，深化利益融合，促进政治互信，达成合作新共识。沿线各国可以就经济发展战略和对策进行充分交流对接，共同制定推进区域合作的规划和措施，协商解决合作中出现的问题，共同为务实合作及大型项目实施提供政策支持。

中国为推动区域经济一体化做出很多战略规划，其中包括："21世纪海上丝绸之路"战略、"丝绸之路经济带"战略、"中印缅孟经济走廊"战略、中巴经济走廊战略、东北亚经济整合战略等。这些战略，都是以区域经济一体化为核心，并符合亚太乃至亚欧几乎所有成员国的战略利益，成为"一带一路"倡议的重要组成部分。沿线各国资源禀赋各异，经济互补性较强，彼此合作潜力和空间很大；以政策沟通、设施联通、贸易畅通、资金融通、民心相通为主要内容，重点在这些方面加强合作；同时政策引导，人才先行，促进"一带一路"人才培养，参与各国最好人才开发规划，储备国际化经营需要的金融、法律、财务、技术、营销，国际贸易等方面的专业人才；充分利用国际人才市场意识，通过招聘优秀国际人才来弥补自身培养的不足。

"一带一路"建设将加强国际旅游合作，通过信息化和"互联网+"，提升旅游服务质量，扩大旅游项目宣传，进一步扩大旅游市场的规模，互办旅游推广周、宣传月等活动，联合打造具有丝绸之路特色的国际精品旅游线路和旅游产品，提高沿线各国游客签证便利化水平，持续推动21世纪海上丝绸之路邮轮旅游合作。积极开展"一带一路"沿线体育交流活动，支持沿线国家申办重大国际体育赛事。

"一带一路"建设过程中，坚持医疗卫生合作，强化与周边国家在传染病疫情信息沟通、防治技术交流、专业人才培养等方面的合作，提高合作处理突发公共卫生事件的能力。中国将为有关国家提供医疗援助和应急医疗救助，在妇幼健康、残疾人康复以及艾滋病、结核、疟疾等主要传染病领域开展务实合作，扩大在传统医药领域的合作。

"一带一路"建设过程中，着力加强科技研究合作，共建联合实验室（研究中心）、国际技术转移中心、海上合作中心，促进科技人员研讨交流，合作开展重大科技攻关，共同提升科技创新能力；整合现有科技研发资源，扩大科研人员、青年学生和高端学者的交换学习和交流，积极开拓和推进与沿线国家在青年就业、创新创业培训、职业技能开发、社会保障管理服务、公共行政管理等共同关心领域的务实合作。

同时，充分发挥沿线国家的政党、议会在交往过程中的桥梁作用，加强沿线国家之间立法机构、主要党派和政治组织的友好往来和沟通洽谈；开展城市交流合作，欢迎沿线国家重要城市之间互结友好城市，以人文交流为重点，突出务实合作，形成更多鲜活的合作范例；欢迎沿线国家建设的智库之间开展联合研究、合作举办论坛等。

在"一带一路"建设过程中，要加强沿线国家民间组织的交流合作，重点面向基层民众，广泛开展教育医疗、减贫开发、生物多样性和生态绿色环保等各类公益慈善活动，促进"一带一路"沿线贫困地区生产生活条件改善；要加强文化传媒的国际交流合作，积极利用网络平台，传播中华文化，运用新媒体工具，塑造和谐友好的文化生态和舆论环境。

企业是"一带一路"建设中投资的主体，我国企业借助机遇走出去，要学习掌握并尊重沿线国家当地的历史文化、风俗礼仪、宗教习惯等。我国应加强企业管理人员跨文化管理能力和基层员工的跨文化学习。同时积极面对企业国际化挑战，建立一套适应本地化生存与国际化经营的企业文化与价值体系，提升我国在对外交往和交流中的软实力。目前，以能源、基础建设、信息通信为代表的中央企业和以高科技为代表的民营企业，重视把"诚实守信、产品服务过硬、互利共赢"的企业发展理念和原则融入"一带一路"沿线国家的企业竞争与经营管理当中[①]，真正在"一带一路"建设推进过程中，扎实推进供给侧结构性改革，提高供给质量，为中国经济高质量发展提供内生动力。

---

① 李君如，倪迅：《用"文化一带一路"支撑"经贸一带一路"——基于哈萨克斯坦、土耳其的考察》，《毛泽东邓小平理论研究》，2017（5）：95－100。

7.2.3 "一带一路"促进外向型经济发展

"一带一路"倡议自从 2013 年提出以来,中国企业"走出去"参与国际经济贸易合作的步伐日益加快。在 2016 年中国与"一带一路"沿线国家双边贸易额达到了 6.3 万亿元人民币。商务部数据显示,中国企业 2015 年共对"一带一路"相关的 49 个国家进行了直接投资,投资额合计 148.2 亿美元,同比增长 18.2%,占投资总额的 12.6%。投资主要流向新加坡、哈萨克斯坦、老挝、印尼、俄罗斯和泰国等。目前,中国国内的安保企业真正开展境外业务的不超过 20 家[①]。

自 2015 年 4 月 20 日中巴经济走廊项目启动至今,已历经 3 年,这条以喀什为起点,以巴基斯坦瓜达尔港为终点,全长 3000 公里的贸易走廊如今已硕果累累,43 个早期收获项目中有 22 个项目在建或完成。2018 年 1 月 29 日,瓜达尔自由区开园;2018 年 4 月 10 日,卡西姆港电站投入商业运行;瓜达尔东湾高速公路项目预计在 2018 年底前完工;萨希瓦尔燃煤电站、恰希玛核电站等系列项目开通运营,大大缓解了巴基斯坦国内的电力短缺问题。去年,中巴双方还签署了《中巴经济走廊远景规划》,为走廊建设进一步指明方向。在走廊建设带动下,巴基斯坦经济增速近年来显著提高。世界银行日前发布最新报告指出,受益中巴经济走廊大型基础设施建设的推动,巴基斯坦能源供应不断改善,个人消费持续增长,预测巴基斯坦 2017—2018 财年 GDP 增速将达到 5.8%[②]。2018 年 11 月 13 日,瓜达尔、港正式开航,将来自新疆喀什的货物,转运到中东和非洲。

"一带一路"促进外向型经济发展。据中国经济网的估算,"一带一路"沿线国家,总人口约 44 亿,经济总量约 21 万亿美元,分别约占全球的 63% 和 29%。其市场发展必将惠及全球,并具有新生体的异常生命力[③]。中国欢迎各国企业来华投资,同时通过创新驱动实体经济建设,在"中国智造 2025"规划下,建设一批综合实力强大的跨国企业。在未来"一带一路"建设中,鼓励本国企业积极参与沿线国家基础设施建设和产业投资。在投产建设中,促进企业按属地化原则经营管理,积极帮助当地发展经济、增加就业、改善民生,主动承担相应的社会责任,严格保护生物多样性和生态环境。

---

① 黄日涵,姚辉:《"一带一路"中海外安保体系构建》,《理论视野》,2017 (6):64—66。

② 搜狐新闻,http://www.sohu.com/a/233070774_731021,2018 年 5 月 27 日。

③ 马曼丽,马磊:《论"一带一路"和中国发展模式对世界的重大影响》,《烟台大学学报(哲学社会科学版)》,2017,30 (3):76—82。

中欧班列自（见图 7-5）2011 年开行以来，截至 2017 年底已累计开行 6000 余列，其中 2016 年中欧班列开行了 1702 列，而 2017 年则达到 3000 列。据不完全统计，中欧班列国内开行城市已达 27 个，覆盖 21 个省区市，到达欧洲 11 个国家的 28 个城市，根据铁总制定的规划，到 2020 年中欧班列要实现年开行 5000 列[①]。中欧班列的运行促进了"一带一路"项目实施，带动了其他项目开展。这些国际铁路运营班列把许多区域化边缘化的局部市场，通过交通基础设施的互联互通连在一起，为欧亚大陆的贸易增长提供了物流的支撑。交通基础设施的发展同时促进了直接投资，形成推动各种市场机制和制度发展的大平台。在中欧班列的支撑下，由铁路、公路、海运和空运运输相互支撑的物流体系，和为贸易、投资和其他经济交往服务的各种制度和机制正在发展壮大。

图 7-5 中欧班列（图片来源于网络）

"一带一路"倡议是顺应国际形势、统筹国际国内两个大局作出的重要部署，供给侧结构性改革则是适应经济新常态、应对我国供需关系变化作出的重大决策。通过"一带一路"，促进参与国家推进国际产能和装备制造合作，优化供给结构；通过"一带一路"，引导东部产业向中西部有序转移是匹配供需关系的主要内容；通过"一带一路"，推进对外开放，深化经济体制改革，提

[①] 高柏：《中国拥抱全球化的 40 年》，http://news.sina.com.cn/o/2018-05-22/doc-ihawma ua8246833.shtml，2018 年 5 月 28 日。

升供给效率。在"一带一路"对外投资领域，结合产能布局，推进供给侧结构性改革，真正做到去产能，带动需求，在供给侧一端提供高质量产品和服务。

在经济全球化背景下，中国的"一带一路"倡议目标是希望构建世界经济新的体系，实现世界范围宏大的经济愿景。一是努力实现区域基础设施更加完善，安全高效的陆海空通道基本形成，互联互通达到新水平；二是投资贸易便利化水平进一步提升，高标准自由贸易区网络基本形成；三是政治互信、人文交流更加广泛深入，不同文明相互影响共同繁荣。这是很高的目标。"共商、共建、共享"表明"一带一路"不是单方行动。一是坚持开放合作，但是并不限于古代丝绸之路的范围。二是坚持和谐包容、兼收并蓄、共荣共生。三是坚持市场化运作机制，发挥企业的主体作用，也发挥政府的协调作用。四是坚持互利共赢，在投资建设，贸易合作过程中，寻求利益契合点和合作最大公约数。

7.3 供给侧结构性改革与 "一带一路" 区域价值链构建

7.3.1 调整产业结构转型升级

为实现可持续发展和高质量发展，产业转型升级是当前我国发展的一个重要战略，是中国经济未来高质量发展的必由之路，它既是一种经济的变革，更是一场社会结构的变革。我国实施的供给侧结构性改革，从供给端开始调整产业结构，促进中国产业结构转型升级。从社会发展角度来看产业转型升级，其实质是产业结构的高级化，产业结构优化实现经济高质量可持续发展，即向更有利于经济、社会发展方向发展，其关键是技术进步，在引进先进技术的基础上消化吸收，并加以研究、改进和创新，建立属于自己的技术体系。产业转型升级才能够在未来对外经济贸易发展中保持竞争优势。在全球经济一体化，外向型经济发展过程中，产业转型升级能提升国家在全球价值链中的位置，增强国家综合竞争力实力。

中国在供给侧进行结构性改革的进程中，目标是创新挖掘经济增长潜力，通过供给侧结构性改革调整产业结构转型升级，通过信息化和"互联网＋"促进流通结构优化升级，节约流通成本，提高生产率，提高质量，增加企业效益。若将产业结构的优化升级完全交给一个不完备、不完善的市场运作，任由其自由地发挥，会带来很多的问题，使产业结构的升级偏离提质增效的方向，不能充分体现创新和共享的目的。中国第三产业服务业服务质量和服务信息化

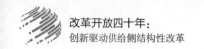

的不足、服务业发展的滞后，导致需求不足，无法发挥市场的作用，不能够实现制造业和基础设施建设投资转型。通过提升服务业信息化，契合市场需求，可以实现生产和投资向价值高处转移。供给侧结构性改革在产业结构调整过程中，发挥的作用是通过政策导向，转型升级，提升产业结构质量。

7.3.2　拉动产能合作

最近几十年的世界经济发展趋势是全球经济一体化进程加速，世界经济已经实现生产性活动的碎片化（也称为分解、分拆或模块化）大规模快速增长，国际分工专业化趋势越来越明显。当我们回溯国际化的商品和服务的生产过程，再也不是由位于某个国家的垂直整合层级制公司去组织完成所有生产环节，而是通过跨国企业将它们的生产活动分解为独立的小模块，再根据产品国际分工，多元的市场化选择，进行外包或者离岸处理。当前这种碎片化的生产运作过程，已经彻底改变了国际经济体系。在资本和收益的驱使下，推动世界不同的区域完成特定产业的特定生产阶段。"一带一路"推进中国与中亚南亚等国家进行产能合作，共同实现比较优势。中国的供给侧结构性改革强调了上述国际分工和产能合作运作模式，并改革供给一端的质量，通过提高附加值增加全球化产能合作过程中的利润。中国的国际产能合作政策，是国际合作进程与中国在国际价值链中特定地位的结合。所以，国际产能合作可以使中国企业在与其他国家供应链的不同领域合作时发挥它们的特殊优势，实现互惠互利。而"一带一路"加强国际产能合作，突出比较优势，创新驱动新的高附加值环节，能增加我国在国际贸易中的收益。

7.3.3　扩大对外贸易

供给侧结构性改革引领对外贸易转型升级，扩大出口数量与质量，并积极引进先进技术。对外贸易的需求侧在外，提高供给质量在内，因此，供给侧结构性改革扩大对外贸易，通过供给端的高质量服务和产品的提供，增加需求端总量。对外贸易发展，将重点放在培育新技术，提高质量标准并建立统一的质量认证体系，创新自有品牌等相关优势。供给侧结构性改革，推动"中国制造"走向"中国智造"和"中国创造"，并促使部分对外贸易企业率先获得收益，这些企业及其生产的产品不单在国际高端市场能占据一席之地，同时也慢慢改变着中国产品和品牌的形象。

当前中国外贸企业通过在进出口贸易中的实践和长期摸索，已经意识到，在国内生产要素成本不断上升的过程中，过去生产的中低端产品在国际市场上面临的竞争压力越来越大，生存空间也在不断被挤压。对外出口企业要想在竞争激烈的国际市场上生存下来，必须加大供给侧结构性改革力度，提高产品供给质量，增加创新元素提升品牌知名度和美誉度。以供给侧结构性改革推动企业发展，这已经成为当下以及未来中国外贸企业发展的主旋律。

推动供给侧结构性改革已经细化落实到外贸稳增长和调结构的具体部署中。商务部新闻发言人高峰在年初谈及 2018 年的外贸工作重点时表示，今年商务部将继续深化外贸领域的供给侧结构性改革，大力实施创新驱动，培育外贸新动能，在促进出口的同时更加注重提升出口的质量和附加值。

推进外贸领域的供给侧结构性改革，一是要推动原有产业转型升级，从根本上扭转供给结构和供给质量，通过打造品牌、加强研发等一系列布局，提升产品附加值，打造对外贸易竞争新优势；二是寻找对外贸易新的突破领域，发展战略性新兴产业和优势产业，比如新能源汽车等；三是通过供给侧结构性改革推动产业阶梯转移，通过产业布局和产业集聚，推动低端产能既可以向国内的中西部转移，也可以通过外向型经济，结合优势互补和产业分工、产品分工，向国外经济发展阶段恰好有需求的市场转移，从而推动产品结构进一步优化。

7.3.4 合作共赢推动"一带一路"区域价值链构建

在构建"一带一路"区域价值链的过程中，我国结合供给侧结构性改革，通过发挥国家宏观调控作用，对产业进行选择和结构调整，实现中国产业结构的转型升级。从对外投资看，自 2015 年起，中国的对外投资额已超出外商投资额，我国的产业资本已经进入向外净流出阶段，同时标志着中国自此将以建构者的身份参与国际经贸体系。这不仅有利于中国从产品输出模式向产品输出和资本输出并重模式转变，而且使得通过资本输出带动产能输出、通过产融结合推进中国优势产能走出去成为可能。从进出口贸易看，自 2009 年起，中国已连续多年成为全球最大的货物出口国，且与"一带一路"沿线国家的经贸关系日益密切。在价值链构建参与方面，中国作为全球价值链中最大的中间品供给者，已深度融入全球价值链之中。中国贸易增加值已超过德国和美国，成为全球主要经济体贸易增加值最大的经济体。中国的进口投入来源国分布更加广泛，离散程度日益提高。根据 OECD 提供的 TIVA 数据库测算，在对外经济贸易活动中，与"一带一路"沿线国家的附加值贸易，已经占中国附加值贸易总额的 30%。进出口贸易流成为"一带一路"产能合作构建区域价值链的推动力。从技术创新方面看，中国制造业在技术实力上经过前期技术溢出以及后期研发投入，技术创新能力日益提高，部分行业技术水平不仅具备与发达经济体竞争的能力，甚至已经处于世界领先水平。中国逐步实现由"低端模仿"到"自主创新"的转变，这为我国与沿线国家实现技术转移合作提供了强力支撑。今后应充分依靠中国与有关国家既有的双多边机制，借助"一带一路"区域合作平台，为区域价值链构建提供动能。

分析预测 21 世纪的竞争，国家间的竞争将是供应链的角力，企业间的竞争将是供应链与供应链的竞争。中国供给侧结构性改革和中国企业发展运营，都应该站在区域价值链以及全球供应链的角度来审视，应重视中国在"一带一路"区域价值链构建优化产业链分工布局，推动上下游产业链和关联产业协同发展，鼓励建立研发、生产和营销体系，提升区域产业配套能力和综合竞争力；通过相关的产业布局投资，调整优化中国产业结构，为"一带一路"区域价值链构建提供动能。当然，中国在"一带一路"投资贸易中应重点突出生态文明理念，加强生态环境、生物多样性和应对气候变化合作，共建绿色丝绸之路。

7.4　供给侧结构性改革与外向型经济的未来发展

7.4.1　外向型经济未来发展趋势

全球经济一体化促进新的产业化分工以后，呈现的主要是地缘经济的问题，也就是地缘经济的博弈。"外向型经济发展推动全球经济一体化，扩大产能合作，促进对外经济贸易，推动供给侧结构性改革[①]。"中国供给侧结构性改革层层推进，改善供给结构和供给质量，促进产业结构转型升级，对于提升外向型经济发展，具有提速增效的作用。中国经济能够高质量发展，必须坚持"走出去"，结合改革创新，为世界各国提供优质产品，才能够在世界市场获得稳定收益；在国内坚持创新驱动，提升制造业发展的科技含量，降低成本，设计生产更加优质的产品。外向型经济以国际市场需求为导向，以扩大出口为中心，根据比较优势理论，应积极参与国际分工和国际竞争，在外向型经济发展过程中，形成以出口为导向的产业结构，通过利用国际资源进行产能合作；在协调区域发展中提升外向型经济竞争力，突破内部区域空间布局的现行约束。

---

① 陆钢，高志苗：《跨学科合作助力"一带一路"与中亚研究——"一带一路"与中亚跨学科研究会议综述》，《经济问题探索》，2017（11）。

我国外向型经济经过了多年的发展后已面临着内部空间不均衡的严重问题，必须由东部地区向中部和西部地区延伸。未来中国外向型经济发展改革方向，首先需要利用"一带一路"倡议拓展外向型经济发展新空间，连接"一带一路"沿线参与国家，实现中国拓展外部空间和规模化市场的新突破；并且在信息化和互联网的技术发展下，通过大数据和反馈，获得新的需求信息，构建新的商业模式。

7.4.2　全球经济一体化进程加速

经济全球化发展有利于资源和生产要素在全球范围内的合理配置，有利于资本和产品在全球性流动。"一带一路"推动我国外向型经济发展，促进区域经济一体化，也顺应经济全球化发展进程。发展外向型经济，必然面对全球经济一体化的机遇与挑战。经济全球化发展，使得世界各国原有的"一国经济"正在走向"世界经济"，从而形成了"全球相互依赖"的世界经济格局。外向型经济的发展有利于科技在全球性的扩张，有利于促进不发达地区经济的发展，是人类发展进步的表现，是世界经济发展的必然结果。互联网加速全球一体化进程，促进全球政治、经济、文化相互联系。但是在经济全球化的过程中，不同地区、不同国家，经济利益冲突、文化冲突，局部的逆全球化也在同时发生。但是从历史进程上观察，经济全球化是发展趋势，并引领全球经济贸易发展。真正的全球化应该让全球各个国家和地区更多有需要的人感受到贸易带来的便捷，享受到信息、商品、货币自由交换给我们的生活带来的巨大改变。而中国的改革开放一系列的政策，供给侧结构性改革，为经济全球化发展带来实惠。在供给侧结构性改革的发展理念中，"创新"居于首位，因为创新能力不强是中国经济的"阿喀琉斯之踵"，唯有创新才能够为经济持续健康发展提供源源不断的内生动力。未来中国参与全球经济竞争过程中，通过创新驱动供给侧结构性改革，将中国的创新融入全球创新体系之中，以及通过全球主流需求侧的创新需求来推动中国的创新，才是一个正确的选择。中国企业快速深度融入全球供应链网络体系恰恰也是一个能够期待的结果。

7.4.3　外向型经济推动供给侧改革

在当前世界经济复苏乏力，发达经济体货币政策走向分化的背景下，很多国家的经济可能面临困境，亟须寻找新的经济增长点，亟须新的经济火车头来带动世界经济。中国大力发展本国经济，就是在带动世界经济发展。"一带一路"倡议的实施对促进世界经济增长具有积极作用，在全球一体化的背景下，中国不"独善其身"，而是发挥自身的优势和能量，互利共赢，主动"兼济天下"。"一带一路"倡议的实施中，基础设施投资项目带动了就业，拉动了市场。很多基础设施建设项目能够很快拉动发展中国家，甚至全世界的投资增长。贸易畅通的一些做法有利于尽快改善贸易和投资便利化的条件，降低交易成本。中国借此机会，设计有利于几乎所有国家的发展战略、政策措施，融入"一带一路"和 APEC 当中，实现多边共赢[①]。"一带一路"提供公共产品的积极作用已经显现出来，亚投行是其中成功案例。现在需要根据新的历史情况探索新的制度供给，使之成为全球公共产品的重要组成部分[②]。中巴经济走廊建设是"一带一路"项目建设中的重要突破口，自从 2013 年推动中巴经济走廊的建设以来，巴基斯坦的经济发展速度明显加快。电力短缺是巴基斯坦经济增长长期以来面临的瓶颈，在短缺最高峰有近 40% 的缺口，中巴经济走廊的第一期建设就是以电力基础设施为突破口。同时也大力加强巴基斯坦交通基础设施的建设，对现有的公路和铁路进行升级换代。

"一带一路"倡议的建设和推进，是一个有起点没有终点的渐进合作过程，是经济全球化的新型加速器。改革开放四十年来，中国与"一带一路"沿线国家的经济合作初具规模，这一倡议如同一张无形的网，将东方与西方进行有机联结，促进发达地区与发展中地区实现经济互补，将沿线发达城市与中小节点城市互通互联，将全球交流合作，经济发展，文明进步串联起来。通过合作，为地区和国家寻找共同利益，提供化解国家和地区争端的新路径，真正实现促进东亚与欧洲两大经济体健康发展，共同推进欧亚大陆崛起。

7.4.4 供给侧结构性改革助力"一带一路"倡议实施

供给侧结构性改革与"一带一路"建设并不是两个单独实施的政策，这是在改革开放的大背景下，中国经济发展拓展的创新与创意。供给侧结构性改革是中国四十年改革开放的深化和延伸发展。"一带一路"是结合中国经济发展史与世界经济发展史的规律，对中国社会主义经济建设经验积累下做出的主动发展战略拓展。我国利用"一带一路"倡议拓展外向型经济发展新空间，实现了拓展外部空间的新突破。沿"一带一路"开放是中国外向型经济发展在全球经济新形势下做出的重要战略调整，是我国全方位开放新格局的一个重要组成

---

① 曾炜：《论"一带一路"倡议视野下国际经济法的创新问题》，《陕西师范大学学报（哲学社会科学版）》，2018：1—14。

② 李锋：《"一带一路"促进全球经济强劲、平衡、包容、可持续发展——"一带一路"国际合作高峰论坛"智库交流"平行主题会议综述（上）》，《经济研究参考》，2017（31）：7—9。

部分。在国家高屋建瓴政策战略布局下，国内各地区应积极响应并充分借力"一带一路"倡议，在原有发展空间遭遇显著约束后应积极拓展新的地理空间。我国外向型经济发展的动力机制，需要从以往的要素和投资驱动转向创新驱动，这必须依靠供给侧结构性改革进行调整。在过去四十年改革开放过程中，前一轮外向型经济的快速发展，很大程度上归功于将要素和投资的驱动力发挥到了极致。现在这一动力机制在发展新阶段已经明显衰竭，亟待转向创新驱动的发展阶段。实体经济创新不足，思想、市场亟须开拓，仍然是国家发展所面临的突出问题。从全球化发展视角来看，我国大多数产业尚处于价值链的中低端，自主创新能力不强、核心技术对外依存度较高。中国的实体经济创新不足，深挖原因，其实是因为作为经济活动的微观主体活力受限所致，而微观主体创新活力受限的根本原因则在于体制机制的束缚。我们知道，从微观层面看，深化改革的重要目的之一就是要为企业松绑，激发企业的动力和活力。不断深化改革也是我国实现前一轮外向型经济快速发展的宝贵经验之一。但需要指出的是，经济发展的不同阶段需要不同的体制机制与之相适应，原有的开放型经济体制和机制，在激发和形成要素和投资驱动力方面发挥了积极作用，但已经难以适应创新驱动发展的需要①。企业应利用"一带一路"的契机，积极走出去，主动参与国际经济合作。外向型经济发展，就是要区域开放布局不断优化，外商投资环境持续改善，对外投资合作深入推进，货物贸易不断开拓新格局，以实现中国经济高质量发展的历史性跨越。

---

① 戴翔，张二震：《国外向型经济发展如何实现新突破——基于空间、结构和活力三维度分析》，《南京社会科学》，2017（9）：19。

改革开放在认识和实践上的每一次突破和发展，无不来自人民群众的实践和智慧。要鼓励地方、基层、群众解放思想、积极探索，鼓励不同区域进行差别化试点，善于从群众关注的焦点、百姓生活的难点中寻找改革切入点，推动顶层设计和基层探索良性互动、有机结合。①

——习近平

第8章

凝聚创新智慧共促中国特色社会主义未来发展

　　当我们回顾中国 1978 年以来的一系列经济改革发展历程，可以说中国 40 年的改革实践从根本上就是典型的"供给侧结构性改革"的过程。1978 以后，中国的改革开放是以经济发展为主线，对农业和工业的改革，对市场和计划的调试。中国对外开放的实践，层层推进经济改革，为经济发展提供不竭动力，实现经济社会可持续发展。中国改革开放四十年来，综合国力大幅度提升，人民生活水平改善，文化教育改革成效显著，推动经济社会发展水平与国家综合实力稳步提升。在党的十八届五中全会上确立了"创新、协调、绿色、开放、共享"② 这五大发展理念，是对中国改革开放建设过程中的智慧总结，五大理念的提出对于中国经济由高速度发展转向高质量发展具有重要的指导意义。十八大号召全民创新，将创新驱动供给侧结构性改革作为高质量发展的突破口，并在经济实践中落实五大发展理念，逐步扭转经济转向高质量发展。当前的"十三五"时期是发展的关键五年，决定了到 2020 年我国是否能够实现全面建成小康社会。"十三五"规划明确提出要"创造新供给，推动新技术、新产业、新业态蓬勃发展，加快实现发展动力转换"。要坚持推进新型供给侧结构性改

---

① 习近平主持召开中央全面深化改革领导小组第七次会议的讲话，见中新网 2014 年 12 月 2 日。
② 习近平在中共十八届五中全会上的讲话，见人民网 2015 年 10 月 30 日。

革，顺利实现经济转型，实现四个现代化和"两个一百年"建设目标。

今后，国家将在深化改革中探索供给侧结构性改革的经济发展动力，加快培育形成新的增长动力，改善供给结构，实现经济持续发展和高质量发展，为中国经济未来转向高质量发展打下坚实的基础。改革开放四十年中，每一个发展阶段都对中国具有重要意义，当前的中国经济发展由旧动能转向新动能，必须提质增效实施供给侧结构性改革。中国经济增长速度变化由高速增长转向高质量发展，是改革进程中的重要转折点。中国进入高质量发展阶段之后，改革发展将不再单纯追求经济速度，而是在追求经济效益同时，要提高有效供给的质量，实现供给结构高端，坚持绿色可持续的增长方式。实行供给侧结构性改革，正是要通过发展生产力，加快转变经济发展方式，加快调整经济结构，提高供给体系的质量和效率，坚持绿色和谐可持续发展，增强经济持续增长动力，推动国家生产力水平实现整体跃升。决定高效增长的因素是制度创新，决定高质量有效供给的是在制度创新约束下的供给侧结构性改革。在改革过程中，要通过供给侧结构性改革的宏观调控布局，坚持创新驱动突破，集中创新智慧；通过高科技研发，推动经济结构由中低端转向中高端，发展新兴产业，服务业和现代制造业，用支柱产业支撑我国高质量发展。

8.1 新时代中国特色社会主义市场经济的完善

8.1.1 坚持发展以问题为导向

我国实施的供给侧结构性改革并不是前所未有的新生事物，而是在中国改革开放四十年经济社会发展基础上的经验继承和发展。在改革开放之初在农村实行的家庭联产承包责任制改革，对乡镇企业发展的鼓励扶持以及 20 世纪 90 年代推行的市场经济体制改革和国有企业优化重组，都是从供给角度进行的变革。因此，供给侧结构性改革并不是一种全新的路径和实践，而是根据我国经济发展的现实情况和实际问题，重启改革开放中占据主导地位的调控思路和政策转向。改革开放四十年来中国不断深化，深度参与经济全球化，为世界经济发展贡献中国力量。习近平总书记明确指出，经济发展进入新常态，正从高速增长转向中高速增长，经济发展方式正从规模速度型粗放增长转向质量效率型集约增长，经济结构正从增量扩能为主，转向调整存量，做优经济增量并举的深度调整，经济发展动力正从传统增长点转向新的增长点。① 国家实施的改革措施要结合经济新常态阶段的特点，以解决问题作为改革导向，以解决核心问题为发展增加动力。新型供给侧结构性改革的持续推进，经济增长由依靠投资出口拉动，转向投资、消费和出口协同拉动，三大需求结构改善，国家要更加注重满足人民群众的需要，注重市场和消费心理分析，获取需求信号；根据信息化媒介宣传，引导社会预期，充分保护知识产权，坚持依法治国。中国未来的经济体制改革以完善产权制度和要素市场化配置为重点，在改革过程中实现"经济体制改革必须以完善产权制度和要素市场化配置为重点，实现产权有效激励、要素自由流动、价格反应灵活、竞争公平有序、企业优胜劣汰②。"通过体制的改革去除掉生产要素市场上的错配，我们既可以获得更高的效率和经济增长，也可以更好地分配。比如户籍制度改革可以使劳动力流动更为顺畅，降低劳动力的空间错配，一方面东部的劳动力短缺状况可以缓解，经济增长的潜力可以释放，推动城乡和地区之间的收入差距逐渐缩小。

从实践角度讲，供给侧结构性改革的目标就是为了更好地满足"人民日益增长的美好生活需要"③，由以往追求经济利益，开始既有效益提升又有高质量供给。物质生活和精神生活质量同时提升，丰富民众精神层次和提升安全感，增强人民幸福感，全力实现自我，超越自我，发挥创新能量，成为对社会发展需要的人才。中国发展不平衡，东西部发展不平衡，同一个城市和地区，个体之间发展不平衡，如何破解这些难题，对于未来的改革，需要实现社会全面平衡发展，必须进一步解放生产力，发展社会生产力。国家通过宏观调控、二次分配和精准扶贫，缩小贫富差距，实现广大人民群众共同富裕享受改革成果，在社会发展的过程中努力实现自我。未来要实现我国的充分发展，需要全面振兴实体经济，提高制造业质量和效率，努力实现实体制造业的质量变革，效率变革和动力变革。党的十八大以来，习近平总书记提出了："发展是解决我国一切问题的基础和关键；坚持以人民为中心的发展思想，用新发展理念统领发展全局；使市场在资源配置中起决定性作用和更好发挥政府作用；主动适应、把握、引领经济发展新常态，着力推进供给侧结构性改革；实施创新驱动发展战略；推进新型工业化、信息化、城镇化、农业现代化同步发展；实施精准扶贫、精准脱贫，打赢脱贫攻坚战；在更大范围、更宽领域、更深层次上提

---

① 习近平在 2014 年中央经济工作会议上的讲话，见新华社 2014 年 12 月 11 日电。
② 习近平在中国共产党第十九次全国代表大会上的讲话，见新华社 2017 年 10 月 27 日电。
③ 习近平在中国共产党第十九次全国代表大会上的讲话，见新华社 2017 年 10 月 27 日电。

高开放型经济水平；坚持稳中求进工作总基调，全面提高党领导经济工作水平[①]"等重大论断。五年来的重大实践和理论概括，推动了习近平新时代中国特色社会主义经济思想得以形成。未来坚持发展以问题为导向，改革开放才能够持续深化进行到底。

如何在改革过程中发现问题，需要在实践中密切关注经济发展趋势和宏观经济发展规律，需要密切关注人民群众的民生问题、人民群众最关切的问题，最终还要关注阻碍改革的深层次原因，坚持解放思想，实事求是。习近平总书记在中央财经领导小组第十三次会议上的讲话中指出："推进供给侧结构性改革，要把握好三个基本要求。其一，根本目的是提高供给质量满足需要，使供给能力更好满足人民日益增长的物质文化需要，这是坚持以人民为中心发展思想的必然要求。其二，主攻方向是减少无效供给、扩大有效供给，提高供给结构对需求结构的适应性。其三，本质属性是深化改革。供给侧结构性矛盾的原因是要素配置扭曲，是体制机制障碍[②]。"在新时代，我们要用新发展理念引领形成全面开放新格局，就需要学习新理念，在实践中应用新理念，通过理念先行，指引方向，充分发挥国家发展规划的战略导向作用。遵循"一带一路"倡议走出去参与国际合作，在开放的范围和层次上进一步拓展。坚持创新驱动，持续实施供给侧结构性改革，要在改革的思想观念、结构布局、体制机制上进一步拓展。坚持可持续发展，以问题为导向，持续推进供给侧结构性改革，实现经济结构转型升级发展，在未来真正实现中国经济高质量发展。

8.1.2　坚持以人民为中心

新时代坚持发展中国特色社会主义，离不开核心的指导思想，党的十九大报告将"坚持以人民为中心"[③]确立为基本方略。也就是说，不仅在社会主义经济建设和社会发展方面坚持以人民为中心，今后在中国特色社会主义事业的诸领域和各方面都必须坚持以人民为中心。在开启与推进改革开放与中国特色社会主义事业进程中，邓小平同志指出："人民拥护不拥护、人民赞成不赞成、人民高兴不高兴、人民答应不答应，是全党想事情、做工作对不对好不好的基

---

①　中共中央文献研究室：《习近平关于社会主义经济建设论述摘编》，中央文献出版社，2017 年。

②　韩保江，王佳宁：《习近平新时代中国特色社会主义经济思想的源流和主线》，《改革》，2018（03）：第 5—23 页。

③　习近平在中国共产党第十九次全国代表大会上的讲话，见新华社 2017 年 10 月 27 日电。

本尺度"①。江泽民同志提出"三个代表"重要思想，特别强调"中国共产党要始终代表中国最广大人民的根本利益"②。胡锦涛同志提出科学发展观并指出其核心是以人为本。在新时代发展中国特色社会主义，要从人民的根本利益出发，以人为本，真正在发展过程中做到了解人民群众关心什么、人民群众期盼什么，这决定了未来的改革就要抓住什么、推进什么，将切实增强群众幸福感和"获得感"作为改革导向。中国特色社会主义市场经济的完善，坚持以人为本，把人民为中心的宗旨贯彻到改革的全过程。

党的十八大以来，我国一大批惠民举措落地并实施推进：教育事业从教育理念到教育质量全面提升发展，城乡居民收入增速超过经济增速，覆盖城乡居民的社会保障体系基本建立，劳动力就业状况持续改善，人民生活不断改善，遍布全国的精准脱贫细致开展。在经济发展中时刻把增进人民福祉、促进人自由而全面发展作为新时代中国特色社会主义经济实践的出发点和落脚点，通过供给侧结构性改革对资源错配进行纠偏，激发改革创新活力，加快新旧动能转换，形成高质高效动力源，以满足人民日益增长的对美好生活的需要③。中国特色社会主义进入新时代，人民对美好生活的需要更加广泛，解决了温饱问题，更需要优质的精神文化需求满足。现在对生活质量的要求也更高，既向往更高层次高质量的物质文化生活，也期待民主、法治、公平、正义、安全、环境等方面政策制定和实施过程不断改革提升政策保障质量。在发展经济的过程中，更关注美好生活环境的建设，要金山银山，更要绿水青山。良好的生存环境是人民群众赖以生存的依托，工业化进程必须坚持污染治理同步，绿化环保同步。坚持以人民为中心的发展思想，通过更加平衡、更为充分的发展，不断满足人民日益增长的美好生活需要。

当前我国实施供给侧结构性改革的根本目标是进一步提高社会生产力，促进升级社会发展，改善民生，坚持以人民为中心的发展思想。在经济建设方面将人民作为改革发展的出发点和落脚点，重视人才培养，激发人民群众的创造活力，提高经济发展的质量和效益，以更好更多的发展成果造福人民；通过经济高质量发展，为人民群众创造良好生产生活环境，为人民群众生活水平提高夯实经济基础。以人民为中心，在社会建设方面，体现在必须以保障与改善民

---

① 宋芳敏：《完整准确地理解邓小平理论——庆祝改革开放40周年》，见求是网2018年10月1日。

② 江泽民在庆祝中国共产党成立八十周年大会上的讲话，见人民网2001年07月01日。

③ 陈健：《习近平新时代中国特色社会主义经济思想的逻辑主线与实践路径研究》，《经济学家》，2018（03）：14—19。

生、加强和创新社会治理为重点，让改革发展成果更多更公平惠及全体人民；坚持完善分配结构，建立与我国的基本国情和发展阶段相互适应的收入分配制度，以人民为中心，实现改革成果由人民共享。为此，要抓住人民最关心最直接最现实的利益问题，建设健全民生保障网，同时也要坚决打赢脱贫攻坚战，确保到 2020 年我国现行标准下农村贫困人口实现脱贫。另外，要实施健康中国战略，为人民群众提供全方位全周期的健康服务。

8.1.3　坚持创新驱动注入新动力

无论是个人的发展还是国家的发展，都需要拥有创新思维，都需要为发展持续注入新的动力。习近平总书记强调："坚持科技创新和制度创新'双轮驱动'，以问题为导向，以需求为牵引，在实践载体、制度安排、政策保障、环境营造上下功夫，在创新主体、创新基础、创新资源、创新环境等方面持续用力，强化国家战略科技力量，提升国家创新体系整体效能[①]。"要解决经济发展中面临的矛盾和问题，要实现稳增长、调结构、惠民生、防风险等多重目标，需要与时俱进，不断进行理念、理论和政策创新。

改革开放以来，我国创造性地将社会主义与市场经济结合起来并成功走出一条中国特色的社会主义道路。经济改革是一场坚持社会主义基本经济制度的渐进式改革历程。当前中国特色社会主义市场经济的完善，需要通过不断调整经济体制，变革经济运行机制，极大地解放和发展生产力[②]。创新驱动供给侧结构性改革相对于以往的需求侧改革是一种新概念和新思路。供给侧结构性改革对于经济高质量发展，提质增效，也是极大的创新。中国未来将实现经济增长转型，坚持改革发展创新驱动，大力推进供给侧结构性改革，促进增效创收。坚持创新驱动战略是加快转变经济发展质量、调整经济发展结构、提高发展质量效益的必然选择。从过去强调需求扩张提供动力，转变到着重提高供给体系质量和效率来提供新动力，通过创新启动注入新动力，其目标是层层推进经济结构性改革，促进经济结构转型升级，促进中国经济升级为高质量发展。

加强供给侧结构性改革，要坚持创新驱动，并提出一系列体现供给侧结构性改革和宏观管理的新政策、新措施，带来改革发展创新的新实践、新成就、新突破。科技创新是引领发展的第一动力和发展的基点，因为只有坚持创新改

---

① 习近平在中国科学院第十九次院士大会、中国工程院第十四次院士大会上的讲话，见新华社 2018 年 5 月 28 日。

② 李艳秋：《中国经济体制改革发展历程及启示》，《中共福建省委党校学报》，2016（3）：84－89。

革，国家社会发展才有希望和未来。党的十九大报告指出，创新是引领发展的第一动力，是建设现代化经济体系的战略支撑。① 我们首先把创新作为经济质量和效益提升的关键环节，才能解决经济发展过程中的一系列问题。其次是坚持改革，深化供给侧结构性改革，增强经济发展的动力源。在中国特色社会主义市场经济完善发展全过程中，创新是引领发展的第一动力，是建设现代化经济体系的战略支撑。当前全球经济一体化，中国经济与世界经济深度融合，以创新思维坚持扩大开放，在长期的经济发展中进行创新的量的积累，才能够实现经济高质量发展中质的跃升。在未来供给侧结构性改革中，坚持创新驱动，为改革开放纵深发展，注入源源不断的新活力。把创新作为第一动力，提供高质量供给，着力支撑现代化经济体系建设。坚持效益优先，以供给侧结构性改革为主线，推动经济发展质量变革、效率变革、动力变革，提高全要素生产率。要以提高发展质量和效益为中心，以支撑供给侧结构性改革为主线，把提高供给体系质量作为主攻方向，推动经济发展质量变革、效率变革、动力变革，显著增强我国经济质量优势②。

坚持创新为经济发展注入源源不断的动力，有以下几点总结：

首先，以创新驱动供给侧结构性改革，必须优化政府职能和政策供给，为企业科技创新提供制度性保障。要加快政府职能优化，处理好政府与市场的关系；加快土地制度、户籍制度和金融制度等方面的改革，让土地、劳动力、资本这三大基本要素实现更高程度的自由流动和优化组合；优化科技创新政策体系，建立高层次的政策协调统筹机制；优化科技管理体制，建立符合科技发展规律的服务型科技管理体制。

其次，营造激励企业创新的公平竞争环境，要进一步放宽市场准入，加快推进垄断性行业改革。要切实加强反垄断法，推动执法常态化。要打破地方保护，建立全国统一市场。要加强知识产权保护力度，切实保障创新者的权益；加强创新文化建设，改善创新文化环境。

再次，不断完善科技成果转化激励机制，切实确立企业技术创新主体的地位，提高科技成果的有效供给。鼓励技术贸易，打造技术市场，完善科技成果评审制度，完善产学研合作的技术创新体系。

最后，优化创新人才供给。改善我国人才培养机制，要培养优秀创新型人

---

① 习近平在中国共产党第十九次全国代表大会上的讲话，见新华社 2017 年 10 月 27 日电。
② 习近平在中国科学院第十九次院士大会、中国工程院第十四次院士大会上的讲话，见新华社 2018 年 5 月 28 日。

才，从根本上优化人才创新供给；结合创新人才团队和企业，搭载培养具有企业家精神的企业家队伍[①]；发挥创新型人才积累的创新经验和创新能量，为社会培养更多的优秀人才。

8.2　供给侧结构性改革适应和引领经济发展新常态

8.2.1　供给侧结构性改革把握经济新常态

中国在发展过程中受到内部因素和外部因素共同作用，经济发展进入新常态。经济新常态形成的外部因素主要有：国际金融危机后全球经济持续低迷的影响，世界经济进入了深度结构调整之中。外部条件发生了变化，但是外部条件的变化是挑战也是机遇，这种机遇成为倒逼经济改革的压力，促进经济结构转型升级。在进行供给侧结构性改革过程中，需要我们积极主动地将压力变为动力，促进中国经济发展顺利实现转型、提质、增效、升级。与此同时，我国经济发展的内在条件也在变化，内在条件决定经济增长的阶段性转换，因此从内部条件变化来分析我国经济进入新常态的根本原因主要是：我国经济进入增长速度换挡期、结构调整阵痛期和前期刺激政策消化期三期叠加的阶段。通过系统性分析，由于潜在增长率下降，资源环境压力加大，劳动年龄人口减少，储蓄率和投资率双降，劳动力从农业部门向非农部门转移放缓，要素成本上升，促使经济结构必须优化升级，发展转向创新驱动。

综上所述，我国经济发展必然进入以增速变化、结构优化、动力转换、风险多变为主要特征的新常态，从经济高速增长进入到经济形态更多样，参与分工更复杂，结构转型更合理的高级阶段。在经济新常态下，我国经济内部结构全面调整、重塑、升级和再造是必经的历史发展过程。新常态下我国经济发展将呈现出诸多与以往不同的阶段性特征，因此供给侧结构性改革必须把握经济新常态的特征和发展趋势，才能实现改革卓有成效。

---

① 中共北京市委党校马克思主义研究中心：《中国供给侧结构性改革研究》，中国社会科学出版社，2016。

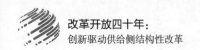
8.2.2 供给侧结构性改革适应经济新常态

世界经济史发展的实践经验反复证明，在国家经济发展过程中，随意强行超越历史阶段不行，但是完全放任经济发展，甘当守夜人和消防员，被动应付问题、消极等待，会面临更大的危机和困境。我们必须"善于谋定"而后动，主动适应新常态，积极引领新常态，以发展理念、发展模式、动力机制的全方位创新，推动中国产业结构不断升级、经济结构不断优化、经济质量不断提升，开辟我国经济发展新境界。在经济新常态下，中国经济发展经济结构性问题最为突出，矛盾主要集中在供给侧，需要实施供给侧结构性改革，解决供给一端的问题。中国经济现在正处于发展方式转变、发展动力转换的新形势、新时期，必须统一的认识，转变思想观念，实现思想和行动统一，增强加快转变经济发展方式的自觉性和主动性。在供给侧结构性改革过程中，只有深刻认识新常态，才能适应新常态。中国东部，中部，西部经济发展差异性和互补性共存，例如推进京津冀协同发展一体化，缩小北京、天津与河北周边地区经济社会发展的差距，区域协同发展，并最终能够实现不同地区的产业和功能分工。

在经济新常态下，"一带一路"倡议的实施，将加强我国与周边国家的基础设施建设与互联互通，有利于促进我国与周边国家的贸易和投资，促进我国产业结构转型升级。与此同时，还可以使我国西部地区变身为对外开放前沿，配合供给侧结构性改革，将会非常有利于西部地区经济开放发展。供给侧结构性改革目标是矫正要素配置扭曲，扩大有效供给，提高供给结构适应性和灵活性，提高全要素生产率；供给侧结构性改革的根本目的是提高供给质量，满足市场需要，使供给能力更好满足人民日益增长的物质文化需要；供给侧结构性改革的主攻方向是减少无效供给，扩大有效供给，提高供给结构对需求结构的适应性。中国经济有巨大韧性、潜力和回旋余地，这正是结构调整，提质增效的好时机。

8.2.3 供给侧结构性改革引领经济新常态

供给侧结构性改革引领经济新常态，成为宏观经济发展的切入着力点。当资源环境不堪重负，人口红利优势逐渐消失，拼资源、拼环境、拼投资的经济增长模式走不通时，需要积极探寻新的发展路径。在新旧转换过程中，要从转型升级、结构调整中获得经济增长动力。供给侧结构性改革加快产业转型升级，走集约化、内涵式的发展道路，主动适应并引领新常态，充分释放发展内生动力，调动各种积极因素来对冲经济下行压力，实现有质量有效益的增长。

　　供给侧结构性改革把握过去和当前经济发展实际，着眼未来经济社会发展格局和形势，审时度势，是改革开放深化的延续。中国近几年的调控，延续过去一向强调的优化结构要求，货币政策提出要结构化运用，定向宽松，财政政策实施不遗余力。从经济学理论来分析，需求被认为是经济发展的内生动力，过去侧重需求管理，已经给出"三驾马车"的认识框架。如今关注供给侧，通过供给对于需求的回应，把结构调整进一步细化到相关的复杂的指标上，结构优化必然需要政府的政策措施和合理机制安排与制度供给。

　　第一，经济速度的新常态需要供给侧结构性改革来引领。经济增速由高速增长期已经转变为中高速增长期。保持经济发展稳定在持续的中高速增长态势上，需要通过供给侧结构性改革培育新增长点来实现。第二，经济发展方式的新常态需要供给侧结构性改革来引领。粗放增长模式往往具有"路径依赖"特点，要摆脱并非易事。新的发展方式也不会自动出现。无论是摆脱旧方式，还是形成新方式，都需要通过供给侧结构性改革来实现。集约发展方式的基本要求是高质量高效益，而供给侧结构性改革的要义正是通过提高全要素生产率来实现经济增长。第三，经济结构的新常态需要供给侧结构性改革来引领。经济结构调整包括调整存量和优化增量两个方面。调整存量的方式有去产能、去库存、去杠杆等，而这正是供给侧结构性改革和供给管理的内容。优化增量的途径是培育新产业、新业态、新技术、新品牌等，而这也正是供给侧结构性改革和供给管理的题中之义。第四，经济动力的新常态需要供给侧结构性改革来引领。过去的经济增长主要是依靠需求侧投资、消费和出口"三驾马车"来驱动，今后的经济增长必须转向供给侧的"三大发动机"——制度变革、结构优化和要素升级，通过改革、转型、创新来驱动。而供给侧结构性改革正是制度变革中的"精准改革"，结构优化和要素升级也依赖于供给侧结构性改革。

　　因此，"供给侧结构性改革"需要打通"供给"和"生产关系"的制度问题，把二者放在一起来完整、全面地认识。在经济社会发展、经济增长动力体系问题中，为中国提供重要意义的认识框架：供给一端首先应该强调的是完成转轨的历史任务，其中最为关键的问题是制度创新，这在供给侧结构性改革居于首位。供给侧结构性改革承前启后、继往开来，并在未来很长一段时间必须攻坚克难。四十年的改革开放发展历程也让我们也深刻认识到，改革并不能够一蹴而就，在该逻辑之下，需要将供给侧结构性改革当作一个系统工程来理解。当前的供给侧结构性改革，不会一蹴而就，需要在现阶段长期坚持，这是系统的、宏大的、全局的、长期的改革任务。供给侧结构性改革过程可以借鉴世界经济发展史中值得借鉴的经验，同时坚持创新驱动改革发展的思路，结合

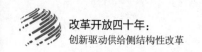
中国过去与现在的经济发展现状和实际发展面临的问题，引领中国经济发展新
常态。

8.3 供给侧结构性改革推进未来经济高质量发展

8.3.1 为中国经济高质量发展注入新动能

党的十九大报告明确提出，我国经济已由高速增长阶段转向高质量发展阶
段，正处在转变发展方式、优化经济结构、转换增长动力的攻关期，建设现代
化经济体系是跨越关口的迫切要求和我国发展的战略目标。[①] 在这一新阶段，
以新型供给侧结构性改革为主线，中国坚持新的发展理念，坚持创新驱动，深
化改革，提高经济发展的质量和效益，为未来经济高质量发展注入新动能。

推动经济发展质量变革、效率变革、动力变革，推动高质量发展具有重要
作用。我们总结经济发展规律，可以看到推动经济高质量发展，是当前世界经
济发展的大势所趋，经济体低质量的经济泡沫和虚假繁荣将循环导致经济危机
的困境。从我国社会发展规律看，推动经济高质量发展是中国人民的民心所
盼。经历战争、贫困，走向独立自主，人民期盼经济发展提供的高质量的生活
水平，同时通过提升物质生活水平和获得保障，带动精神财富的积累、科学文
化教育发展的繁荣。从科技革命变革规律看，推动经济高质量发展是创新进步
所向。人类之所以能够获得突破性发展，并创造人类社会文明，科技创新发挥
了巨大作用。从以人为本的需求变化规律看，推动经济高质量发展是最终落点
所在，经济高质量发展满足以人为本的差异性需求，对高质量服务需求，不仅
仅关注物质需求，同时坚持可持续发展的理念，满足人对于优质环境的需求，
关注世界，关注未来的需求，构建人类命运共同体。

8.3.2 推动中国经济发展方式转型

党的十九大报告指出，我国经济已由高速增长阶段转向高质量发展阶
段。[②] 2018 年中央经济工作会议强调，推动高质量发展是当前和今后一个时期
确定发展思路、制定经济政策、实施宏观调控的根本要求。[③] 高质量发展对中

---

① 习近平在中国共产党第十九次全国代表大会上的讲话，见新华社 2017 年 10 月 27 日电。
② 习近平在中国共产党第十九次全国代表大会上的讲话，见新华社 2017 年 10 月 27 日电。
③ 《推动高质量发展是确定发展思路制定经济政策实施宏观调控的根本要求》，《新华日报》，
2017 年 12 月 9 日第 1 版。

国经济发展提出了新的更高的要求，要实现从高速增长向高质量发展的转型、向全球产业链的中高端迈进、培育经济发展的新动能、实现经济发展的质量变革、效率变革和动能变革；要继续精简负面清单，抓紧完善外资相关法律，加强知识产权保护；要促进贸易平衡，更加注重提升出口质量和附加值，积极扩大进口，下调部分产品进口关税；要创新对外投资方式，促进国际产能合作，形成面向全球的贸易、投融资、生产、服务网络，加快培育国际经济合作和竞争新优势[1]。

高质量发展体现的是现代化的目标。现代化的目标即要求我们做好信息化、工业化及城镇化。在信息产生价值的时代，信息产业将会成为未来发展的核心与潮流，两化融合（即信息化和工业化融合）也将为经济发展创造出新的增长点，这也是高质量增长所追求的目标。同时伴随美国再工业化浪潮和德国工业 4.0 计划，工业化再次引发人们的重视。在这一背景下，为了高质量发展的实现，我国也推出了制造业 2025 的计划。总体而言，我国的快速工业化进程总体已进入工业化后期，其结构也正面临着从高速工业化向高质量工业化转型，因而在高速发展向高质量发展递进的过程中城镇化是与工业化相伴随的，以往城镇化过程中"不完全城镇化""拼资源""摊大饼"式的"跑马圈地"需要被关注并矫正。在高质量发展下我们追求的是新型的城镇化，一切以人为核心从而提高城镇化质量。

高质量发展的特征主要体现在：产业结构的合理化与高级化、创新成为推动经济发展的第一动力以及供给体系有质量。第一个方面，产业结构合理化和高级化是结构演变的一般规律，随着经济发展阶段的演进，产业形态上呈现出从低级向中级、高级不断攀升的特征。产业结构不合理导致高耗能高污染重化工业产能明显过剩，制造业大而不强，仅仅是世界工厂，附加值低，现代服务业发展不充分等，都是过去经济高速发展所遗留下的问题。而在经济高质量发展下，其产业结构应显现出合理化与高级化的特征。第二个方面，由于创新不足导致经济发展动力不足，我国过去的高速增长是通过要素投入、粗放型增长的路径，如今进行创新成为经济高质量发展的第一动力。创新将为经济发展创造出新的增长点，其中互联网创新是高质量发展阶段创新的重点，信息技术的进步将会带来新的机遇。最后一个方面，我们从供给侧发力，提升供给的水平提高供给体系质量。首先供给质量表现在经济高质量发展阶段上，供给体系能

---

① 韩保江，王佳宁：《习近平新时代中国特色社会主义经济思想的源流和主线》，《改革》，2018（03）：第 5—23 页。

随需求的变化而不断地调整、适应，并在一定程度上引领需求。通过供给体系和需求结构的不断配合适应，推动经济发展质量与效率提高。其次供给质量表现为产业上、中、下游之间协同性不断增强，以土地、资本、劳动力和创新为核心的要素流入流出更加自由、顺畅、高效，同时价值链也在不断攀升中高端，经济发展的动力不断加强。最后供给质量表现在要素质量及其配置效率不断得到提升。高质量发展将通过要素质量及其配置效率的提升来提高供给体系的质量[①]。

8.3.3　助力中国实体经济发展

供给侧结构性改革未来的成效，关键要看能否推动实体经济的转型升级和振兴。在国家层面，质量、创新、品牌和"工匠精神"这四个关键词的提出，明确了振兴实体经济的主攻方向，给出了实体经济振兴的着力点。供给侧结构性改革提高供给侧的产品服务质量，加大创新投入，提升创新能力，研发自主知识产权品牌，为市场供给高需求产品和服务。

当前我国经济发展的过程中，虚拟经济与实体经济失衡，房地产经济与实体经济失衡，形成"脱实向虚"的态势，推高了实体经济发展成本。通过供给侧结构性改革，可以助力实体经济发展和振兴实体经济。供给侧结构性改革可以从多个角度来概括内容，从实体经济来看，实体经济振兴发展，要减税费负担，减垄断，减管制，削减货币超发，促进产权保障，促进公平竞争，促进企业家精神的发挥，促进科技创新，而这八个方面，正好是供给侧结构性改革应该重点着力的方向。首先，减税费负担要推进财税制度的改革，政府机构的改革，当然也要推进与实体经济企业成本偏高的，像土地制度的改革，能源制度的改革，流通制度的改革等等，通过这一系列的改革来降低实体经济企业所面临的各种成本上升的压力。其次是减垄断，实体经济很多企业面临垄断的困惑，要想减垄断，就要推进垄断行业的改革，国有企业的改革，还有垄断价格的改革，当然也要推进与实体经济相对应的金融房地产虚拟经济方面的改革。第三要减管制，即减少政府的管制，推进行政管理体制的改革，工商登记制度的改革和商社制度的改革。供给侧结构性改革也不完全局限于通常说的三去一降一补结构性调整，而是对造成产能过剩，成本过高，实体经济发展等很多问题背后一整套制度的改革才是真正的供给侧结构性改革，才能真正振兴实体经

---

① 任保平、李禹墨：《新时代我国高质量发展评判体系的构建及其转型路径》，《陕西师范大学学报（哲学社会科学版）》，2018（03）：2—10。

济。在推动未来实体经济发展方面，供给侧结构性改革推动实体制造业创新供给，催生新需求，推动经济高质量发展以及产业转型升级。

8.4 供给侧结构性改革未来展望

8.4.1 创新驱动新型供给侧结构性改革

从全球经济发展和中国经济增长的实践中我们可以看到，创新是经济增长的生命之源。在创新驱动供给侧结构性改革下，中国未来需要更深入地扩大范围地改革创新，才能实现可持续发展。创新都需要有非凡的行动和非凡的想法，才能在最后有所作为，有所实践。创新有时是破坏，创新有时是构建，创新也可能是加减法，没有创新就没有供给侧结构性改革，中国四十年来的改革始终围绕创新。如何更好地促进供给侧结构性改革持续深入开展，这是我们需要深入思考总结的问题。我们改革开放四十年的巨大变革，其中充满的创新的经验。本书的写作，也是寻找中国式创新的流程和方法。将中国改革创新经验进行梳理和总结，将中国特色社会主义建设经验进行梳理和总结。

创新需要极大的勇气。1978 年，中国开始改革开放，一系列改革政策颁布实施，国家日益发生巨大变化，通过改革过程中的变化，反复积累创新的经验，我国的改革创新自始至终地进行着。我们将创新的过程总结为：因为不满足贫穷落后的现状，才开始挑战现状，进行改革创新这个过程是"不破不立"。希望解决困境，这是改革开放最初变革创新的勇气来源。创新并不是闭门造车，创新需要知识技能学习，需要科学文化知识积累，需要通过严格的批判性思维的反思，联系对现实经济社会的深入观察，在实践中发现问题解决问题。经济发展创新是对世界经济发展史其中经济规律的研究，勇于实践，并在实践中积累经验。同时，在对外经济合作交往中发现问题，不断寻找解决的方法，可以是从世界上其他国家借鉴，也可以是对本国发展经验进行归纳总结积累。再将以上所有的要素，进行整合，运用联系的思维，整合成为新的理论和新的知识技能。以上整个过程循环发展，并在创新思维引领下，持续进行改进调整，这整个过程就是创新过程。当我们回头看中国改革开放的整个过程，正是这样一个创新的过程。"一带一路"倡议的创新规划是这样一个参与创新过程，供给侧结构性改革也是这样一个参与创新过程。改革与创新相辅相成，创新注入改革的全过程。在今后我国的改革中，需要将创新贯穿国家改革的全过程，真正实现创新驱动供给侧结构性改革。

创新是供给侧结构性改革的不竭动力，科技研发是供给侧结构性改革的重要保障。我国面临的主要风险是创新科技研发不足，通过提升前沿技术创新能力，来创新创业，创新教育，培育思想市场，促进供给侧结构性改革，提升有效产能，进行产业结构调整，做大做强中高端产业，促进产业转型升级；通过科技投入，来实现中国智造，提高中高端产品的生产能力和国际竞争力。中国未来的发展将重视教育、重视科技，用知识创新带动技术创新，用技术创新带动新型供给侧结构性改革发展。

8.4.2　新时代持续推进新型供给侧结构性改革

当前和未来中国经济面临的不是短期的、周期性的、来自外部的冲击，而是中长期的、结构性的、来自内部的压力和经济困境。要在拥抱新时代，坚持适度扩大内需的同时，进行供给侧结构性改革。事实上，我们从短期来看，改革并不能够迅速带来"改革红利"，近三年内，将会是最艰难的发展时期。虽然改革令经济在短期内更加困难，但是从长期来看，从系统发展的视角来看，为了实现高质量发展，供给侧结构性改革势在必行。互联网销售和信息技术重构传统的消费模式，改变了以往的需求大于供给、生产决定消费的模式。"互联网＋"和大数据重构供需关系，以及整个社会运行和经济运行，能够实现万物互联。在数据为王的新时代，消费数据决定了企业的生产。解决当前中国经济发展的问题，仅仅通过扩大内需只是治标，进行结构性改革升级，提高供给侧质量，适应满足需求侧，才能够治本。

中国选择供给侧结构性改革，是新时代发展的需要。我国经过改革开放四十年的高速发展，积累了一系列的供给一端的问题，如何在新时代背景下，更关注民生领域问题，优化收入分配结构，完善社会保障体系，改变投资方向，成为重要议题。我国除了优化投资和消费结构，还需要优化产业结构，推动传统制造业的优化升级转型，加快产业现代化，提高农业生产力，确保国家粮食安全以及保障农产品供给；协同科技创新驱动，提高资源利用效率，转变粗放型增长方式；大力发展新型产业，通过新一轮信息技术革命，助力我国从制造业大国成为创新型强国。在新时期，只有加强供给侧结构性改革，坚持创新驱动，才能够"对症下药"解决制约我国经济发展的深层矛盾问题。在新时代，经济新常态重构市场秩序，要求我们通过供给侧结构性改革，坚持创新驱动，促进经济发展。

供给侧结构性改革对经济结构的影响，首先表现在第三产业所占比重不断攀升，新兴产业占比重上升，但是第一产业下降，第二产业中传统的工业所占比重下降。持续推进供给侧结构性改革，是中国经济进入新常态之后中央做出的重大战略部署，同时也是发掘和释放经济新动能的重要举措，成为未来一个时期的重要任务。供给侧结构性改革取得初步成效，但目标远未完成，需要持续推进。全球金融危机之后，世界经济持续疲弱，中国经济也进入新常态，面临速度换挡、动力转换、结构优化的局面，同时伴随着新问题、新矛盾和一些潜在风险渐渐浮出水面。中国经济发展能不能适应新常态，关键在于全面深化改革的力度。对此，中央提出实施供给侧结构性改革，在适度扩大总需求的同时，通过改革的办法来推进结构调整，矫正要素配置的扭曲，扩大有效供给，改善供给质量，更好地满足广大人民群众的需要。但是改革也会遇到一系列相应衍生的问题，需要解决相应产生的一系列问题，包括：经济发展的稳定性和持续性；对企业的过度管理，权力主导的亲疏选择倾向；市场出清成本，包括税费成本，融资成本，社会保障成本，交易成本等；在企业重组过程中的失业保障，在企业重组的同时创造新的就业岗位，完善一系列的社会保障机制。

8.4.3　供给侧结构性改革未来发展与展望

回顾改革开放四十年的发展，中国人民的生活实现了由贫穷到温饱，再到整体小康的跨越式转变；中国社会实现了由封闭、贫穷、落后和缺乏生机到开放、富强、文明和充满活力的历史巨变；经济实现了持续快速增长，综合国力进一步提高；民生得到显著改善，人民生活总体上达到小康水平；市场供求关系实现了由卖方市场向买方市场的历史性转变；社会主义市场经济体制初步建立，市场配置资源的基础性作用明显增强；积极调整和完善所有制结构，打破单一公有制经济格局，各种所有制经济在国民经济中的比重发生了深刻变化；对外贸易迅速发展，利用外资成效显著；科技教育快速发展，社会事业全面进步；中国社会先进生产力不断发展；经济政治文化建设成效显著；主人翁意识显著增强；受教育水平和文明程度明显提高，社会整体文明程度大幅提升；融入了世界主流文明，锁定了中国的发展道路。四十年来，改革从农村到城市、从经济领域到其他各个领域全面展开，逐步深化发展。对外开放的大门从沿海到沿江沿边、从东部到中西部循序打开，全方位推进。这场历史上从未有过的大改革与大开放，极大地调动了亿万人民的积极性，使社会主义在中国真正活跃和兴旺起来，使社会主义制度在除弊创新中不断完善和发展，实现了从高度集中的计划经济体制到充满活力的社会主义市场经济体制、从封闭半封闭到全方位开放的历史性转变。改革是中国的时代精神，这种精神就是面向世界，面向未来，面向现代化。改革开放，是中国共产党领导全国人民的伟大历史性创

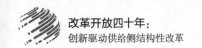
造。解放思想，实事求是，与时俱进，大胆探索等等，构成了我们的改革精神、时代精神，吸收世界上一切有益于我们的营养，创造性地推动中国的发展。

将改革开放进行到底，推动经济社会可持续发展，是中国新时代的使命。2017年10月25日，习近平总书记在十九届中央政治局常委同中外记者见面时强调，改革开放是决定当代中国命运的关键一招，四十年的改革开放使中国人民生活实现了小康，逐步富裕起来了。我们将总结经验、乘势而上，继续推进国家治理体系和治理能力现代化，坚定不移深化各方面改革，坚定不移扩大开放，使改革和开放相互促进、相得益彰。我坚信，中华民族伟大复兴必将在改革开放的进程中得以实现。深化改革，需要有三个转向，一是从要素驱动转向效率驱动乃至创新驱动；二是从单一的经济改革转向全方位联动改革注重改革的系统性；三是发展全能型政府，提升政府服务职能，能够结合经济规律预见经济问题和经济风险。根据经济发展规律和全球相关国家经济发展经验，政府要主动作为，参与全球经济合作，并参与国际事务，发挥政府职能，展现大国气度和能量。

一个国家经济腾飞的关键在于工业化，工业效率的提高必须依靠持续的科技进步。如果因循守旧，不实施改革开放，不实施供给侧结构性改革，一国的工业化水平会在低效率低水平上循环往复，无法发挥工业化的真正动能和助推经济高质量发展的作用。而1978年改革开放后，中国的工业化开始启动，中国经济逐步纳入了一个需求规模大，生产效率提高，生产成本降低，价格降低，需求规模更大的良性循环体系之中。从根本上来说，真正的工业化需要政府主动建立健全有一定规模的市场，不仅仅是国内市场，还有国外市场。中国提出"一带一路"倡议正是参与全球经济，拓展国外市场规模的战略部署。市场规模的形成和扩大，反过来也会推动科技创新，进一步促进国家的兴旺发达。中国能够凝聚创新智慧，聚集创新人才和创新思维，拓展思想市场，提供恒久不竭的内生动力，促进中国特色社会主义未来发展。

新型供给侧结构性改革在推动经济发展方式与社会发展方式的转变方面提出了有效建议，供给侧结构性改革思想是习近平新时代中国特色社会主义经济思想的主线。我们党提出推进供给侧结构性改革，是在综合分析世界经济长周期和我国经济发展新常态的基础上，对我国经济发展思路和工作着力点的重大调整，是化解我国经济发展面临困难和矛盾的重大举措，也是培育增长新动力、形成先发新优势、实现创新引领发展的必然要求和选择。习近平总书记对我国供给侧结构性改革的性质、最终目的、主攻方向、根本途径、重点都进行了系统充分的论述。他明确指出：供给侧结构性改革的最终目的就是在解放和发展社会生产力中，更好地满足人民日益增长的物质文化需要；供给侧结构性改革的主攻方向就是提升整个供给体系质量，提高供给结构对需求结构的适应性；供给侧结构性改革的根本途径就是通过深化改革，不断完善市场在资源配置中起决定性作用的体制机制，鼓励创新，提高劳动生产率和全要素生产率；重点是从生产端入手，促进产能过剩有效化解，提高供给结构对需求变化的适应性和灵活性，简而言之，就是实行"三去一降一补"的方略①。中国未来的改革内容，必须更加注重改革的系统性、整体性、协同性，加快发展社会主义市场经济、民主政治、先进文化、和谐社会、生态文明。通过供给侧结构性改革，让一切劳动、知识、技术、管理、资本的活力竞相迸发，让一切创造社会财富的源泉充分涌流，实现改革与发展的成果更多更公平惠及全体人民②。

新型供给侧结构性改革意味着经济思维、政策哲学和经济制度的革命性变革。展望未来，中国经济持续增长的良好支撑基础和条件没有改变。高瞻远瞩，通过创新驱动下的供给侧结构性改革，中国经济向世界释放强劲的正能量，积极"三去一降一补"，五大任务相辅相成，环环相扣，既化解潜在风险，又增强内生动力。供给侧结构性改革的持续深化将实现经济发展质量和效益的整体提升，使中国经济顺利实现"高速度"和"高质量"增长转换。

中国四十年改革开放取得的重要成就和积累的经验，不仅全面改变了中国，也深刻地影响了世界，改革开放是中国和世界共同发展进步的伟大历程。中国在改革开放的道路上，不破不立，坚持创新发展，四十年来取得了丰硕成就。而我国当前创新驱动下的供给侧结构性改革，正是过去改革开放四十年经济社会发展基础上的经验继承和发展，也是当前的社会发展需要和困境突围的突破口。

---

① 钟社文：《习近平新时代中国特色社会主义经济思想的基本内涵和理论贡献》，《理论导报》，2018（02）：34—36。

② 中共中央：《中共中央关于全面深化改革若干重大问题的决定》，见新华社 2013 年 11 月 15 日电。